Sammlung der Zeitzeugen

Helga Priester
Fluchtweg Bulgarien
1963 – Dritter Versuch

Helga Priester, geb. 1936 in Dortmund. 1943 Umsiedlung nach Kühlungsborn, später nach Rostock. Musische Erziehung: Klavierunter-
richt, Keramikunterricht. Ausbildung zur medizinisch-technischen Assistentin, ab 1956 tätig an der Universitäts-Frauenklinik in Rostock,
dort 36 Jahre tätig als leitende MTA im histologischen Labor. 1992
ausgeschieden. Ab 1970 Mitglied im Zirkel für Malerei und Grafik der
Universität Rostock. Teilnahme an zwei Förderklassen. Seit 1992 als
selbständige Malerin und Grafikerin tätig. Einzelausstellungen mit
Malerei und Grafik in Mecklenburg-Vorpommern.

Sammlung der Zeitzeugen

Helga Priester

Fluchtweg Bulgarien
1963 – Dritter Versuch

Herausgegeben von Jürgen Kleindienst

Zeitgut Verlag

Die im Buch veröffentlichten Abbildungen und Dokumente stammen aus dem Privatbesitz der Verfasserin. Abbildungen S. 84 und 95 aus: Maria Nooke, Der verratene Tunnel, Bremen (Edition Temmen) 2002. Abbildung S. 102: Die Bundesbeauftragte für die Unterlagen des Staatssicherheitsdienstes der ehemaligen DDR, Außenstelle Rostock. Die Personen im Buch sind, mit Ausnahme der Autorin und ihres Fluchtpartners Max Aust, nur mit Vornamen benannt.

Bibliografische Information der Deutschen Bibliothek
Die Deutsche Bibliothek verzeichnet diese Publikation in der Deutschen Nationalbibliografie; detaillierte bibliografische Daten sind im Internet über http://dnb.ddb.de abrufbar.

© 2008 by Zeitgut Verlag GmbH, Berlin
Sammlung der Zeitzeugen, Band 61
Verlag: Zeitgut Verlag GmbH, Berlin
Klausenpaß 14, 12107 Berlin
Telefon 030 - 70 20 93 0, Telefax 030 - 70 20 93 22
E-Mail: info@zeitgut.com
www.zeitgut.com
Herausgeber: Jürgen Kleindienst
Lektorat: Susanne Reinhold, Berlin
Printed in Germany
ISBN 978-3-86614-127-8

Inhalt

Durch den dichten Wald an der bulgarisch-griechischen Grenze versuchten mein Fluchtpartner Max und ich 1963 in den Westen zu gelangen.

Vorwort

Meine Fluchtgeschichte begann mit einer Halskette aus getrockneten Maiskörnern, die ich mir nach der damaligen Mode aufgezogen hatte. Im Februar 1963 sprach mich ein Student der Melioration auf einer Party in der Mensa der Rostocker Universität auf diese Kette an. Wir versuchten, miteinander ins Gespräch zu kommen, brachten aber bei der lauten Musik, die zum Twist gespielt wurde, kaum eine Unterhaltung zustande. Eine Sitzgelegenheit konnten wir nicht finden, und das Schwitzwasser tropfte von der Decke.

Max und ich vereinbarten für den folgenden Abend ein Treffen im »Ratsweinkeller«. Bei einer Flasche Sekt lernten wir uns näher kennen und tauschten unsere politischen Ansichten aus: Wir waren mit dem System des Sozialismus nicht einverstanden, wollten nicht länger eingemauert leben, sehnten uns nach Reisefreiheit und Westliteratur.

Bald eröffnete Max mir seinen Plan. Die einzige Möglichkeit, aus der DDR herauszukommen, meinte er, sei eine Auslandsreise nach Südbulgarien, in die Nähe der griechischen Grenze. Der dichte Wald in Bulgarien könne gar nicht lückenlos bewacht werden. Max wirkte so entschlossen, dass ich ihm und seinem Vorhaben Glauben schenkte. Hätten wir geahnt, dass wir die Rückfahrt nach Rostock in der dunklen »Grünen Minna« der Polizei antreten würden – wir hätten die Flucht wohl trotzdem gewagt.

Max wollte auswandern und in die Entwicklungsländer gehen, um dort als Agraringenieur zu helfen.

Ich stamme aus Dortmund, meine Großeltern hatten dort ein Haus, das bei einem Bombenangriff auf die Stadt 1943 schwer beschädigt wurde. Als Siebenjährige siedelte ich deshalb mit meinen Eltern in die Heimat meines Vaters um, nach Kühlungsborn an der Ostsee, später zogen wir nach Rostock. Jetzt waren meine Eltern Rentner und hatten die Möglichkeit, Reisepässe zu beantragen und nach Dortmund zurückzugehen. Aber ohne mich, ihre einzige Tochter, wollten sie nicht nach Westdeutschland ziehen.

Von ehemaligen Klassenkameradinnen wusste ich außerdem, dass ihnen die Flucht in die Bundesrepublik geglückt war und sie dort ein neues Leben begonnen hatten. Das motivierte mich zusätzlich. Bereits ein Jahr zuvor hatte ich probiert, über einen Urlaubsplatz in Kuba in den Westen zu gelangen. Ich hatte einen Vetter in Princeton, USA, bei dem ich erst einmal untergekommen wäre. Doch die Kubakrise machte mir einen Strich durch die Rechnung. Die»MS Völkerfreundschaft«, das Urlauberschiff, mit dem ich unterwegs war, hatte nach einem Tag wieder aus Kuba abfahren müssen. Kein einziger Passagier des Schiffes hatte an Land gehen dürfen. Auch mein anschließender Versuch, über Dänemark in den Westen zu gelangen, missglückte. DDR-Bürger durften zwar mit dem Schiff in den Hafen von Gedser fahren, dort aber nicht von Bord gehen. Ich wollte vom Schiff springen, doch als es anlegte, ahnte ich, dass ein Mann von der Staatssicherheit hinter mir stand. Er hätte mich festgehalten, wenn ich heruntergesprungen wäre.

Dass ich jemanden finden würde, mit dem ich die Flucht gemeinsam riskieren konnte, hatte ich nach den beiden misslungenen Versuchen nicht mehr zu hoffen gewagt – es erschien mir wie ein Wunder.

Helga Priester, Rostock im Sommer 2007

Meinen Text habe ich nach der Haftzeit Mitte der sechziger Jahre nachts heimlich aufgezeichnet. Ich musste im Gefängnis eine Schweigeverpflichtung unterschreiben, wonach ich über die Flucht, den Prozess und die Haft nichts weitergeben würde. Sonst drohte mir eine erneute Bestrafung. Ich wollte die Geschehnisse für mich selbst festhalten. An eine Veröffentlichung war unter den politischen und wirtschaftlichen Verhältnissen in der DDR damals nicht zu denken. Erst Ermunterungen nach der Wende ließen den Gedanken aufkommen, meine Erlebnisse als kleines Buch erscheinen zu lassen. Dabei regte mich meine Lektorin Susanne Reinhold mit vielen Detailfragen an, in die Tiefe der Erinnerungen und in meine Unterlagen zu steigen. Es liegt mir nicht, Vergessenes durch Phantasie zu ersetzen, deshalb habe ich auf manche Details verzichten.

Fahrt ins Ungewisse

Über das Reisebüro buchten wir eine 16-tägige offizielle Bulgarienreise für 1100 Mark. Unser Ziel war der Urlaubsort Pamporovo im Rhodopengebirge nahe der griechischen Grenze. Eine individuelle Auslandsreise kam für uns nicht infrage, weil wir keine Einladung aus Bulgarien hatten. Wir versuchten, die Vorbereitungen für unsere Flucht so geheim wie möglich zu halten. Selbst meinen Eltern erzählte ich nichts davon, weil ich befürchtete, dass sie mich aus Sorge, der Fluchtversuch könnte im Gefängnis enden, von der Reise abgehalten hätten.

Max kündigte mir zunächst einen »kleinen Spaziergang« an. Dieser entpuppte sich als eine fast 30 Kilometer lange Wanderung, mit der er meine Kondition testete: Bei Regen marschierten wir von Rostock-Warnemünde bis nach Graal-Müritz und zurück. Meinen Motorroller musste ich verkaufen, das brachte 1300 Mark für unsere Reisekasse. Kurz vor Reiseantritt besorgten wir Wurst in Dosen und Plastiktrinkflaschen, festes Schuhwerk und Arzneimittel.

Eine schwere Blasen- und Nierenentzündung vier Wochen vor der geplanten Abreise sollte mir fast einen Strich durch die Rechnung machen. Nach dem langen Liegen kam ich nur schwer wieder zu Kräften, bereits ein Weg von fünf Minuten strengte mich an. Ich schlich durch die Zimmer meiner Wohnung und hoffte von einem Tag auf den anderen.

Drei Tage vor dem Abreisetermin überredete ich den Arzt, mich gesund zu schreiben; so konnte ich mich in der Uni-Klinik noch einmal sehen lassen und meinen Urlaub einreichen – obwohl mir das peinlich war. Aber mein eiserner Wille half mir über die Skrupel hinweg. Schwer fiel mir auch der Abschied von meinen Eltern am Bahnhof. Wann würde ich sie wiedersehen?

Max und ich trafen uns am 4. Juli 1963 im Ferienzug »Neptun« in einem Wagen erster Klasse – die Platzkarten zweiter Klasse waren bereits ausverkauft. Der Zug kam mit der Fähre aus Dänemark. Da die Gleise auf der Strecke Rostock–Berlin repariert wurden, fuhr zu dieser Zeit kein anderer Zug bis Berlin-Schönefeld.

Ankunft der »IL-18« der »Deutschen Lufthansa der DDR« auf dem Flughafen in Sofia, Juli 1963.

Vom Zugfenster aus sahen wir die liebgewonnene mecklenburgische Landschaft an uns vorüberrauschen. Mir war seltsam zumute, von so vielem hatte ich Abschied nehmen müssen. Unsere Reise war eine Fahrt ins Ungewisse. Wie würde sie enden?

In Schönefeld spazierten wir abends von unserem piekfeinen Flughafenhotel aus über frisch gedüngte Felder zum Airport. Vom Flughafengebäude aus beobachteten wir beim Sonnenuntergang, wie die Maschinen starteten. Der Flug am nächsten Tag sollte für Max der erste werden, und wir waren beide aufgeregt.

Im Bett schrieb ich noch eine Karte nach Hause, denn die Post aus Bulgarien würde lange benötigen. Ich wusste, dass diese Auslandsreise meine Eltern wegen meiner früheren Fluchtversuche beunruhigte, obwohl wir ja nicht gerade bis nach Amerika flogen.

Um 2 Uhr nachts hieß es wecken, um 3 Uhr wurden wir mit einem Bus zum Flughafen befördert und eine Stunde später brauste die »IL-18« der »Deutschen Lufthansa der DDR«

Blick auf das Rhodopen-Gebirge.

mit 80 Passagieren davon. Wir überflogen Prag und erkannten von oben den Hradschin. Über weite Strecken war der Vorhang zur Erde aber durch Wolken zugezogen. Längere Zeit flogen wir entlang der Donau, die sich wie eine Schlange durch die Landschaft windete. 8 Uhr morgens kamen wir in Sofia an. Wir frühstückten im Flughafenrestaurant und beobachteten die einfliegenden Maschinen. Im Hintergrund erkannten wir das Vitoschagebirge; ein plötzlicher Regenschauer trübte später allerdings die Sicht auf die Berge.

Wegen des schlechten Wetters sollte die Reise von Sofia nicht wie vorgesehen mit dem Flugzeug, sondern mit dem Bus weitergehen, zunächst nach Plovdiv, der zweitgrößten Stadt Bulgariens. Es war inzwischen wohl über 30 Grad warm, bis auf uns schliefen sämtliche Fahrgäste des Busses. Max und ich genossen die abwechslungsreiche und für uns neue südländische Landschaft. Nach einer Fahrtstrecke von fast 200 Kilometern erreichten wir in der Mittagszeit Plovdiv, aßen dort etwas und bummelten durch die Stadt.

*Am Batschkovokloster legten wir eine Zwischenstation auf unserer
Busfahrt nach Pamporovo ein. Das zweitgrößte Kloster Bulgariens
wurde 1083 gegründet.*

Von Plovdiv ging es weiter Richtung Süden nach Pamporovo. Auf dem 85 Kilometer langen Weg legten wir nochmals
zwei Zwischenstationen ein. Zunächst hielten wir in einem
Kurort mit einer radiumhaltigen Heilquelle. Die Kurgäste
gingen mit weißen Porzellankannen zum Brunnen und füll-
ten sich darin Wasser ab. Ich setzte mich auf eine Bank und
beobachtete das Treiben am Brunnen. Schnell gesellten sich

alte, mit Kopftüchern vermummte Mütterchen zu mir. Sie wollten mir etwas erzählen, aber ich verstand sie leider nicht. Nach kurzer Fahrt besichtigten wir gemeinsam das Batschkovokloster. Es ist kleiner und intimer als das bekannte Rilakloster und liegt idyllisch in den Bergen. Im Innenhof, am Eingang zur Kapelle, stand wie ein Wächter eine hohe schlanke Zypresse. In der Kapelle befanden sich einige verwitterte Ikonen aus dem zwölften Jahrhundert, daneben standen modern restaurierte Ikonen, die mir sehr gefielen. Die düstere Kapelle barg interessante Kostbarkeiten, die wir aber in der Eile nicht alle zu sehen bekamen. Die vergoldeten Ikonen und Bilder an den Wänden waren vom vielen Abküssen schon abgenutzt, hatten ihren altertümlichen Reiz aber bewahrt.

Danach begann eine endlos scheinende Busfahrt auf einer schmalen, holprigen Straße an dem Fluss Vatscha entlang. Unterwegs sahen wir, wie ein Hänger mit Langholz die halbe Böschung hinuntergerutscht war. An beiden Seiten des Flusses stieg steil das felsige Gebirge an. In Schwierigkeiten kam der Busfahrer, wenn uns ein Fahrzeug entgegenkam. Da die Straße viele Schlaglöcher hatte, sprangen wir in diesen letzten drei Stunden unserer Fahrt öfter an die Busdecke. Mir erschien die Tour wie eine Reise ans Ende der Welt.

Am Abend erreichten wir Pamporovo. Der Bus mit der etwa 20-köpfigen Reisegruppe schnaubte nochmals eine steile Anhöhe hinauf. Dort empfingen uns einige kleine Häuschen und ein Volleyballplatz. Ein schwarzhaariger Bulgare im dicken blauen Pullover, braun gebrannt und athletisch, sprang auf den fahrenden Bus auf und begrüßte uns. Er war der Dolmetscher unseres Hotels und hieß George.

Hundert Meter weiter tauchte ein riesiges Hotel vor uns auf. Einen solchen Palast hatten wir hier, mitten in der Wildnis, nicht erwartet.

Durchwühlte Koffer

Unser Dolmetscher George erklärte uns im Bus, dass sich der Gebirgskurort Pamporovo in 1650 Metern Höhe am Fuße des Rhodopengipfels Sneshanka befindet, auf einem noch südlich von Rom gelegenen Breitengrad. Er zeigte uns die geplanten Ausflugsziele: den Murgavezgipfel, der etwa 1850 Meter hoch in den Himmel ragte, und daneben die Studenez-Hütte. Etwas weiter entfernt sahen wir den Perilik, den mit 2191 Metern höchsten Berg des Rhodopengebirges.

Die Rhodopen, so hatte ich in einem Reiseführer gelesen, waren bekannt für ihr gesundes Klima und ihre einzigartige Folklore. Laut Homer stammte der mythische Sänger Orpheus aus dieser Gegend.

Beim Aussteigen schaute ich in einen wolkenlosen Himmel und atmete tief die reine Luft der Kiefernwälder ein. Kaum einen Windhauch konnte ich spüren. Auf dem Weg zum Hoteleingang luden große Glasfenster zum Blick in den Speisesaal ein. Am Empfang begann die große Zimmerverteilung. Ich zog mit Fräulein Lehrerin aus Neustrelitz zusammen. Wir wohnten in einem kleinen, sauberen Zimmer in der dritten Etage mit Bad und Balkon, von dem wir eine bezaubernde Aussicht über die hohen Tannenspitzen in die Bergwelt hatten.

Gleich nach der Zimmerbesichtigung wurden wir zum Abendbrot gebeten. Wir saßen zusammen mit einem älteren Ehepaar aus Stralsund am Tisch. Beim Essen fiel uns auf, dass manche Ober nur herumstanden, während andere geschäftig hin- und herliefen. Als wir nach dem Essen beim Empfang den Zimmerschlüssel von Max verlangten, konnte ihn die Empfangsdame nicht finden. Einige Minuten später tauchte er aber plötzlich wieder auf. Wieder auf seinem Zimmer, bemerkte Max, dass ein Plastikzahnbecher, der vor dem Essen noch über den mitgebrachten Wurstkonserven gelegen hatte, jetzt daneben stand. Damit war klar, dass Koffer und Schrank während des Abendbrots durchwühlt worden waren. In seinem Koffer hatten unsere Beobachter wohl auch

Unser Urlaubsort Pamporovo, 1650 Meter hoch gelegen, im Hintergrund der Berg Sneshanka.

Kompass, Kartenmaterial und Rucksack entdeckt. Sicherlich hatte die Stasi junge Touristen wie uns, Max war 26, ich 27 Jahre alt, in diesem Grenzurlaubsort von Anfang an im Visier.

Trotz aller Aufregung unternahmen wir noch im Dunkeln den ersten Erkundungsmarsch. Wir liefen in Richtung Studenezhütte und weiter bis zu einer freien Wiesenfläche vor dem Murgavezfelsen. Voller Erwartungen marschierten wir voran. Ich staunte, wie schnell sich Max in dem Gelände zurechtfand, das er ja nur aus Karten kannte.

Am nächsten Morgen setzte die Reiseleitung eine Wanderung zum Murgavezberg an, von der ich mich wegen meiner vorangegangenen Erkrankung entschuldigte. Stattdessen durchstreifte ich die nahen Blumenwiesen und hatte sicherlich mehr davon, als in der lauten Menge zu wandern. Von ihrer ersten Morgenwanderung zurückgekehrt, stöhnten die Urlauber über diese enormen Strapazen gleich am ersten Tag.

Die Reiseleitung verkündete Max beim Mittagessen, dass ein Bulgare aus dem Nachbardorf in sein Zimmer ziehen werde, der seine Deutschkenntnisse verbessern wolle. Damit hatte Max also seinen Leibwächter für den Urlaub – alles war bestens organisiert.

Max musste sich noch erfreut zeigen, dass er einen bulgarischen Freund bekam. Er bezeichnete ihn auch als solchen. Stoian war tatsächlich nicht der schlechteste, er hatte Gemüt, so wie alle Bulgaren; über seine Aufgabe fiel kein einziges Wort. Angeblich sollte er mit uns wandern. Dazu kam es aber nicht, denn dafür war Bogdan bestimmt.

Am Nachmittag bat uns die Reiseleitung zu einem aufklärenden Gespräch über unser Verhalten im Grenzgebiet zu Griechenland. Besonders aufschlussreich fanden wir, dass ein 19-jähriger Junge aus der Reisegruppe einige Wochen zuvor per Anhalter in Richtung Grenze gefahren war. Er hatte in einer Hütte übernachtet, konzentrierte Nahrung in Form von Tabletten zu sich genommen und war dort von seinen »Beschützern« gefunden worden. So auffällig wollten wir unsere Flucht nicht anstellen – zu diesem Zeitpunkt glaubten wir noch, schlauer zu sein als andere.

Beim Abendessen setzten sich mehrere höhere Offiziere in unsere Blickrichtung, zum bulgarischen Teil des Ausschanks. Bildeten wir uns nur ein, dass sie uns ständig musterten? Wollten sie uns jetzt schon zu einem Verhör abholen? Ich fürchtete, dass sie unser schlechtes Gewissen an unseren Gesichtern ablesen konnten. Max hielt sich an den Rotwein, der wie jeden Abend auf dem Tisch stand. Er prostete damit Stoian, seinem bulgarischen »Freund« am Nebentisch, zu und mimte beste Stimmung, um die »Bande in Uniform«, wie er sie nannte, zu irritieren. Ich wäre am liebsten im Erdboden versunken.

Vor unserer Reise hatte ich George Orwells Zukunftsroman »1984« gelesen. Vielleicht fühlte ich mich in Bulgarien auch deshalb verfolgt. Orwell schildert in seinem Roman eine Gesellschaftsordnung, in der die Menschen Tag und Nacht von einer Art »Fernsehauge« beobachtet werden, das jeden Schritt registriert und meldet. Die beiden Protagonisten, die sich gegen diese völlige Überwachung auflehnen, landen im Zuchthaus. Obwohl ich nicht an Vorsehung glaube, verfolgte mich das Gelesene in meinen Gedanken doch unaufhörlich.

*Diesen bunten Rock trug ich während des Urlaubs und auch später auf
der Flucht, bei der wir wie harmlose Spaziergänger wirken wollten.*

Ich war mir jetzt sicher, dass wir beobachtet wurden, hatte
ich doch auch bemerkt, dass mich Leute aus dem Dorf auf meinem Spaziergang verfolgt hatten. In der Nacht konnte ich lange nicht einschlafen: dass uns Schlag auf Schlag alles schon an
den ersten Tagen treffen musste. Nach diesen ersten Erlebnissen an unserem Urlaubsort gaben Max und ich den Plan zur
Flucht auf, denn unter diesen Umständen wollten wir uns nicht
in Gefahr begeben. Stattdessen nahmen wir uns vor, die Tage
in Bulgarien zu genießen. Wir meinten sogar Glück zu haben,

Mein Fluchtpartner Max Aust. Er stammte aus Schlesien und hatte gegen Ende des Krieges aus seiner Heimat fliehen müssen. Max war temperamentvoll, verfügte über eine gute Allgemeinbildung und redete viel. Er war musisch interessiert und liebte die Berge. Bei unserem Fluchtversuch 1963 war er 26 Jahre alt, sein Meliorationsstudium hatte er bis auf die Diplomarbeit fast beendet. Aufnahme von 1972.

wenn die Spitzel nicht schon alles in die DDR gemeldet hatten. Vielleicht mussten wir uns gleich nach unserer Rückkehr vor der Stasi verantworten. Schon die Idee zum Fluchtversuch war ja strafbar, und nach der Kofferdurchsuchung saß uns die Angst im Nacken.

Wir wussten, dass wir mit unserem Fluchtversuch Gefängnis riskieren würden. Max bangte um meine Zukunft, vor allem um meine Stelle als leitende medizinisch-technische Assistentin an der Rostocker Universitäts-Frauenklinik. Auch traute er mir nicht zu, dass ich die schwere Arbeit, die ich möglicherweise im Gefängnis verrichten müsste, überstehen würde. Damals kannten wir uns noch zu wenig – wie sollte er da wissen, dass ich eine ganze Menge vertragen konnte. Über seine Zukunft machte er sich dagegen keine Gedanken.

Bulgarische Weisen

Gemeinsam mit der Reisegruppe und einigen Bulgaren brachen wir einige Tage später zu einer Zweitagestour zur Gebirgshütte Studenez auf. Die Hütte lag etwa zwei Kilometer von Pamporovo entfernt einsam auf blühenden Wiesen mitten im Wald. Die Lehrerin aus Neustrelitz und ich hatten das schönste Zimmer bekommen, das wir mit einem selbst gepflückten, farbenprächtigen Wiesenstrauß schmückten. Von dem Zimmerfenster aus konnten wir eine riesige Mauleselkoppel sehen. Vor unserem »Damenhäuschen« befand sich eine kleine, überdachte Holzveranda. Dort nahmen wir unsere erste Mahlzeit ein, die Verpflegung hatten wir mitbekommen.

Wir Frauen aßen nicht sonderlich stilecht. Ich schnitt einige Scheiben vom Brot herunter und belegte diese mit Schafskäse. Üblicherweise wurde das Brot in Bulgarien in große dicke Stücke gebrochen. Mit einem griechisch geformten, langhalsigen Krug – leider aus Plastik – holten wir das Wasser vom Brunnen. Bogdan und Max aber aßen echt bulgarisch: Auf einem ausgebreiteten Stück Papier brachen sie Brotstückchen, schnitten Tomaten und Gurken dazu und bröckelten Schafskäse dazwischen, dazu tranken sie Wein. Dieses naturnahe Essen wäre ein Foto wert gewesen. Wir dagegen mit unserer entsetzlichen Zivilisation! Beim Essen erzählten wir viele Witze, besonders politische, und lachten ständig.

Anschließend brachen wir zu einem nahegelegenen See auf. Der Weg führte vorbei an einem Marmordenkmal für die Opfer des Faschismus. Dieses Denkmal hatten wir als kleinen weißen Strich schon zuvor aus unserem Zimmer sehen können.

Abends machten wir im großen Kreis Gesellschaftsspiele, sagten Zungenbrecher-Reime auf und sangen deutsche Volkslieder, deren Texte die Bulgaren besser beherrschten als wir. »Horch was kommt von draußen rein« liebten sie besonders. Bogdan sang mazedonische Liebeslieder, alte schwermütige Volksweisen. Daraufhin holte der Besitzer der Herberge sein Akkordeon hervor, und zwei kleine bulgarische Mädchen, die wie wir dort übernachteten, sangen mit reizenden Stimmen

Auf einem Felsen in Pamporovo.

die typischen monotonen, mit eigenartigen Schreien hervor-
gestoßenen Melodien. Die Wirtsleute schleppten die Weinflaschen armweise herbei. Unseren Singsang begleitete Max auf
der Mundharmonika. Als sich die Gesellschaft auflöste, begann ich zusammen mit dem Reiseleiter-Ehepaar auf unserer Privatveranda Skat zu spielen. Mit großer Mühe versuchten wir, das Spiel auch Bogdan und Max beizubringen.

Am nächsten Morgen unternahm ich schon sehr früh einen Spaziergang. Dabei versuchte ich auch, auf einem Maul-
esel zu reiten, was mir aber nicht gelang, denn wen der Maul-
esel nicht kennt, den wirft er ab. Von den bezaubernden Wiesen, blau übersät von Glockenblumen, mit gelben Blüten
dazwischen und dem Zikadenkonzert mochte ich mich gar
nicht trennen. Leider mussten wir aus diesem einsamen Pa-
radies schon vormittags wieder aufbrechen.

Zurück in unserem Hotel, lud mich Bogdan nachmittags
zum Tischtennisspielen ein. In der Bar nebenan wurde Kaffee getrunken und die Musikbox bedient. Obwohl unser Spiel
ganz harmlos war, wurde Max doch etwas eifersüchtig, und

Reiter auf Eseln mit Proviant.

so spielte er mit mir am nächsten Mittag ebenfalls Tischtennis. Die Musiker der Kapelle sahen uns dabei zu, sie sammelten mir die Bälle auf und feuerten mich an. Das bereitete mir riesigen Spaß, und wir konnten uns nach dem guten Essen richtig austoben. Da es mittags ohnehin regnete, haben wir die Zeit gut genutzt.

Abends feierten wir mit den Bulgaren. Nachdem alle Gäste gegangen waren, setzten sich die Spieler der Kapelle mit ihren Instrumenten an unseren Tisch und spielten uns ihre Volksweisen vor. Auch der Plovdiver Zigeunergeiger brachte mir dicht an meinem Ohr ein Ständchen. Besonders gerne hörte ich dem Akkordeonspieler zu, der seine süße, kleine Tochter stets bei sich hatte. Die Weinflaschen, die dabei geleert wurden, konnten wir gar nicht mehr zählen. Der Oberkoch nahm auch einmal an unseren Abenden teil und servierte uns um Mitternacht große Eisportionen mit extra viel Vanilleeis für mich.

Diese grenzenlose Gastfreundschaft hatte ich in keinem Land zuvor erlebt. Die mazedonisch-bulgarischen Lieder gin-

Zigeunerviertel in Smoljan. Die Wäsche hängt von den niedrigen Dächern zum Trocknen herunter.

gen uns in ihrer Melancholie so zu Herzen, dass wir sie immer wieder gerne hörten. Einige Lieder hatten so viele Verse, dass die Sänger sich dabei in Ekstase sangen oder voller Temperament dazu tanzten. Die Griechen und Thraker nannten die Gegend auch »Orpheuswälder«, sie waren ein unerschöpflicher Quell schwermütiger, archaischer Volkslieder.

Eine ähnlich euphorische Stimmung erlebten wir auch bei einem Dudelsackpfeifer. Er war Straßenbauarbeiter und wohn-

Dieser Zigeunerin schenkte ich in Smoljan eine Sonnenbrille.

te zusammen mit einem Kumpel in einer winzigen Bretter-
bude. Wenn wir ihn nach dem Abendbrot aufsuchten, spielte
er uns virtuos einige Lieder auf seinem Dudelsack vor. Zwei
Arbeiter fingen spontan an zu tanzen; einer schwenkte einen
Schal über seinem Kopf, um wie eine Frau zu wirken.

An einem anderen Urlaubstag besuchten wir mit der Reisegruppe ein Museum in der nächstgrößeren Stadt Smoljan.
Danach hatten wir noch Zeit, alleine durch die Stadt zu ge-

Auf einem Spaziergang kam ich ins Gespräch mit zwei Kuhhirten.
Sie notierten meine Adresse, damit ich ihnen Fotos schicken konnte.

hen. Am Stadtrand gelangte ich in eine ärmliche Zigeuner-
siedlung. Die Wäsche hing von den niedrigen Holzdächern zum
Trocknen herunter. Eine farbenfroh gekleidete Zigeunerin
hockte mit ihrem ängstlichen Kind auf der Türschwelle. Ich
schenkte ihr eine Sonnenbrille, sie stand auf und strahlte mich
dankbar an. Hier ahnte ich noch nicht, dass Smoljan, meine
erste Gefängnisstation, genauso ärmlich sein würde.

Nach einigen Tagen des unbeschwerten Urlaubs spazierten Max und ich eines Abends zu einem Aussichtspunkt mit
Blick nach Griechenland. Dort entspann sich zwischen uns
ein Streit über unseren Fluchtplan. Während Max wieder neu-
en Mut gefasst hatte, misstraute ich der Situation. Ich sagte
ihm, dass ich Angst hätte, erwischt zu werden und mir unheimlich zumute sei. Da kündigte Max an, dass er, wenn mir
die Lage zu unsicher sei, auch alleine zur Grenze gehen werde. Aber das war nicht meine Art – wenn ich etwas anfange,
führe ich es auch durch!

Auf der Flucht

Für Sonntag, den 14. Juli, war in Pamporovo ein großes Bauarbeiterfest geplant, zu dem 3000 Menschen mit Bussen erwartet wurden. Wir beschlossen, unsere Flucht auf diesen Tag zu legen, denn im Trubel des Festes konnten wir am besten ungesehen aus dem Ort verschwinden. Um nicht die belebte Straße Richtung Sneshanka-Gipfel nehmen zu müssen, kundschafteten wir an einem Nachmittag einen kürzeren Trampelpfad über die Wiese aus. Auf halbem Wege beschlossen wir, dass Max allein weiterging. Ich setzte mich inzwischen auf einen Baumstamm und nähte dort einige Stunden lang die Ledertasche für das Fernglas – eine mühsame Arbeit ohne Fingerhut. Auch die letzte Post erledigte ich hier. Ich fürchtete, dass Max zu weit laufen und nicht rechtzeitig zum Abendessen zurückkommen würde. Aber es klappte, wir konnten durch diesen Weg viel Zeit sparen.

Am Sonnabend konnten wir uns nicht so früh von der Reisegruppe zurückziehen; es war Tanz, wir saßen zusammen mit einem Berliner Architektenehepaar am Tisch. Der Mann erzählte uns Mauerwitze und dass sein Sohn aus Westberlin oft zu ihnen herüberwinke. Das hatte mir am letzten Abend gerade noch gefehlt.

Am Sonntagmorgen belegte ich Brote mit dem Dosenfleisch, das wir aus Rostock mitgebracht hatten. Den größten Teil hatte Max bereits vor Stoians Augen aufgegessen. Die leeren Dosen vergruben wir im Wald. Dann ruhten wir uns auf einer Wiese in der Nähe des Hotels aus. Wir hatten alle Sachen gepackt, nahmen aber nur das Nötigste mit, unter anderem meinen Fotoapparat, das Fernglas von Max und einen Kompass. Dazu hatte ich meinen Regenmantel und ein zweites Paar Schuhe für mich, Brot und Schokolade in den Beutel gesteckt – nicht einmal etwas Trinkbares. In den letzten Tagen hatte es oft geregnet, und das gute Rhodopenwasser floss überall in Rinnsalen durch den Wald.

Kurz vor dem Mittagessen überlegten wir, wie wir den vollgepackten Beutel am Empfangschef vorbeitragen konnten, ohne dass dieser ihm auffällt. Ich hing eine Strickjacke lose darüber und trug den Beutel durch die hohe Wiese, in der ich völlig verschwand – so hoch standen Gras und Blumen. Das Gepäck legte ich unter einen Brennnesselbusch. Nun musste das letzte Essen noch schmecken, dann hieß es schnell umziehen.

An diesem 14. Juli, 13.30 Uhr, wollten wir die »Bastille« erstürmen. Der Ort Pamporovo war inzwischen dicht bevölkert, viele Besucher saßen oder lagen auf mitgebrachten Decken und machten Picknick. Einige hatten Laufgitter für ihre Kinder mitgebracht.

Wie geplant, nahmen wir den Weg über die Wiese. Als dieser endete, begann ein sumpfiges Gebiet, das wir auf Baumstämmen überquerten. Dabei rutschte Max ab und beschmierte sich ein Hosenbein seines Sonntagsanzugs mit schwarzem Modder. Der Sonntagsanzug war seine Tarnkleidung, er wollte wie ein harmloser Spaziergänger wirken.

Ohne Aufenthalt ging es schnell weiter über den Sneshanka-Berg, Richtung Sperrgebiet. Am Wege lagerte eine Familie bei ihren Mauleseln und aß zu Mittag. Nach zwei Stunden Marsch gelangten wir zu der Straße, an der die Sperrzone begann. Um von dem Berg herunter auf die Straße zu kommen, mussten wir ein felsiges Gebiet, das teils mit Moos überwachsen war, überklettern. Ich hielt mich an den Tannenzweigen fest, um nicht abzurutschen. Max fiel mehrere Male hin, da er das Gepäck trug und sich nicht festhalten konnte.

Vorsichtig näherten wir uns der Straße. Sie machte jetzt einen Bogen, wir konnten sie nicht richtig einsehen. Als wir fast auf der anderen Seite waren, bemerkten wir in der Kurve zwei Arbeiter beim Straßenbau. Ob sie uns gesehen hatten und uns jetzt verfolgten? Wir wussten, dass sich um den Straßenbau auch Grenzsoldaten kümmerten.

Im Sperrgebiet mussten wir einen steilen Hang hinauf. Einmal hielten wir zwei Minuten an, um neue Kraft zu schöpfen, dann eilten wir weiter. Zwischendurch befragten wir immer wieder den Kompass und tranken aus Rinnsalen. Wie herrlich schmeckte das Rhodopenwasser!

Sobald wir einen Berg erklommen hatten, ging es sofort wieder in ein tiefes Tal hinab und die Kletterei begann von

Über diese Berge des Rhodopengebirges kletterten wir bei unserem Versuch, über die bulgarisch-griechische Grenze zu gelangen.

Neuem. Unzählige Bäume mit vielen Ästen lagen kreuz und quer durcheinander. Sie versperrten uns den Weg, oft mussten wir hinübersteigen. Lianen hingen in dicken Büscheln von den Bäumen – ein Urwald ohne Weg und Steg. Wo würden wir landen? Weit und breit war kein Mensch zu sehen.

Plötzlich sah ich, wie sich in zehn Metern Entfernung etwas Weißes bewegte: ein riesiger Hund, der uns hechelnd entgegenlief. Wir kauerten uns nieder, Max holte schnell Brot heraus. Wir fürchteten, dass es ein Grenzhund sei und er sich im nächsten Moment auf uns stürzen würde! Aber oh Wunder, er rannte dicht an uns vorbei, ohne sich um uns zu kümmern. Konnte ich ahnen, dass es nur ein Kuhhund war?

Aus einem Rinnsal trank ich Wasser und entdeckte erst danach, dass viele kleine Tierchen darin schwammen. Da nur wenig Wasser floss, musste ich mich verrenken, um an die schmalen, tief ausgespülten Rinnen zu gelangen. Von dem eiskalten Gebirgswasser, das ich kräftig mit dem Mund ansog, schwollen meine Lippen dick an.

Tiefe Täler wechselten mit steilen, unwegsamen Anstiegen. Eine Anhöhe war bedeckt mit Felsen, zwischen denen Wacholderbüsche entlangkrochen. Wir gingen darauf wie auf einem stechenden Teppich, eine Märchenlandschaft. Immer wieder sauste und knackte es beim Schlucken in meinen Ohren, wir waren in etwa 2000 Meter Höhe, in der Nähe des Perilik. Allmählich begann die Dämmerung. Gegen 20 Uhr hörten wir ein ständig wiederkehrendes Signal. Sollten wir bereits in der Nähe der Grenze sein? Hatte man uns vielleicht erspäht oder schon alles vom Urlaubsort zur Grenze berichtet? Eine Weile blieben wir flüsternd stehen. Langsam, ohne auf einen Zweig zu treten, schlichen wir weiter. Nach einiger Zeit vermuteten wir, dass es wohl eine Tierstimme gewesen sein musste, vielleicht ein Murmeltier. In einem Tal gelangten wir an einen reißenden, etwa drei Meter breiten Wildbach. Das rauschende Wasser schlug gegen die Felsbrocken. Von Stein zu Stein springend, ging es am Rande des Flussbetts entlang. Seitlich stieg eine steile Böschung an, hin zu einer nur noch schwach erkennbaren Lichtung. Inzwischen war es so dunkel geworden, dass wir keine zwei Meter weit sehen konnten. Vielleicht war es in dem engen Flusstal auch besonders finster. Ich kroch, mich an Grasbüscheln haltend, auf allen Vieren von einem Büschel zum anderen.

Max lief irgendwo tiefer, er war nicht zu sehen, und wegen des reißenden Stroms konnten wir uns auch nicht verständigen. Meine Angst, dass sich Steine lockern und auf ihn herabfallen konnten! Im Dunkeln kroch ich in ein Gebiet ohne Gras, hier lag nur noch Geröll. Ein Stein, an dem ich mich festhielt, löste sich – oh Schrecken. Ich sauste drei Meter tiefer und stand bis zu den Knöcheln im kalten Wasser.

Außer Abschürfungen an den Armen trug ich zum Glück keine weiteren Blessuren davon. Ein zweites Paar Schuhe hatte ich bei mir; so konnte ich die verschmutzten Schuhe wechseln und nach kurzer Rast weiterklettern. Sollte dies die steile Wand gewesen sein, von der ich vor dem Antritt unserer Bulgarienreise so entsetzlich geträumt hatte? Aber ich bezwang sie; wir gelangten auf eine riesige Wiese, Wetterleuchten erhellte gespenstisch die Umgebung. Als wir seitlich hinunterschauten, entdeckten wir eine erleuchtete Stadt und Straßen.

Im Versteck unter einer Fichtentanne.

Das musste Smoljan sein, der Grenzort. Mühsam versuchten wir immer wieder, ein Streichholz anzuzünden, um den Kompass zu befragen. Der Wind fegte über die Wiese. Wo mochten wir uns befinden? Vermutlich ganz in der Nähe der Grenze, denn wir überquerten ausgehobene Schützengräben. Das Wetterleuchten und Blitzen über den Bergen von Griechenland nahm zu.

Es begann zu regnen, das fehlte uns gerade noch zu der »wilden Romantik«. Um in Richtung Süden zu gelangen, mussten wir durch ein dichtes, mit kleinen Fichten bestandenes Gebiet mit rutschigen Felsen. Der Regen wurde stärker, wir sahen die Hand vor Augen nicht mehr. Wenn wir uns nicht die Beine brechen wollten – es war inzwischen 23 Uhr geworden –, mussten wir ein Lager aufschlagen und den frühen Morgen erwarten. Wir versteckten uns unter einer dichten Fichtentanne, die etwas Wind und Regen abhielt. Von unten war der Boden noch trocken geblieben. Alle wärmeren Sachen zogen wir über, und mit unserem einzigen Regenmantel deckten wir uns zu, er reichte kaum für uns beide.

Neben entsetzlichem Donnerkrachen unterbrachen laute, wilde Schreie die unheimliche Nacht. Vermutlich trieben Hirten weit unten im Tal Kühe oder Schafe zu einer anderen Weidestelle. Das Kläffen der Hunde ließ nicht nach. Trotz allem konnte ich einige Stunden schlafen, nach den Anstrengungen war ich völlig erschöpft. Der Regen wurde noch stärker und ließ auch morgens nicht nach. Die Tanne hielt nicht mehr dicht, der Regen tropfte laut auf den Mantel. Gegen 4 Uhr machten wir uns in den klammen, feuchten Kleidern auf den Weg. Aber nun sollten wir noch nasser werden, das hohe Kraut und Gras reichte bis an unsere Knie. Wenn wir die Tannen streiften, die nur zwei bis drei Meter hoch waren, tropfte es wieder. In den Schuhen quatschte das Wasser, am Regenmantel lief es hinunter und fing sich in den langen Hosen und dem Rocksaum. Doch wir liefen uns warm.

Von einer freien Stelle aus hatten wir eine unvergleichliche Fernsicht gen Süden auf die weiten griechischen Berge. Wo mochten wir sein? Nachts hatten wir schon vermutet, dass die eigenartigen Schreie von griechischen Hirten stammten. Für kurze Zeit hatten wir uns eingebildet, vielleicht bereits die Grenze überschritten zu haben. Wer wusste, ob sie überhaupt gekennzeichnet war?

Nach und nach kamen wir vom Urwald in eine zivilisiertere Gegend, wir sahen die ersten Wege. Wir suchten nach altem bedrucktem Papier, um erkennen zu können, in welchem Land wir waren. Nachdem wir einen steilen Hang herunterkamen, mussten wir wieder über eine freie Wiese. Davor fürchteten wir uns jedes Mal, ahnten wir doch nie, von welcher Seite wir beobachtet werden konnten. Erst im dichten Wald fühlten wir uns wieder sicherer.

Nach langem Marsch erreichten wir ein Tal mit einem zwei Meter breiten Gebirgsfluss. Laut Karte musste er vertikal auf die Grenze zulaufen. Wir nahmen einen kräftigen Schluck Rhodopenwasser und aßen die Tafel Schokolade, die wir im Gepäck hatten. Zuvor hatte ich mich hauptsächlich von frischen Tannenspitzen ernährt. Max wollte kein Brot nehmen, er meinte, ich solle nur essen, er wolle es noch aufsparen. Am Flüsschen entlang führte auf beiden Seiten steil ein Weg die Bergwände hoch. Links vor uns entdeckten wir eine kleine zerfallene Holzhütte. Darin konnten wir nach Schrift suchen – und wirklich: In das Holz waren Buchstaben geschnitzt. Aber bulgarische. Unsere Hoffnung, bereits über der Grenze zu sein, schwand dahin. Als wir weitergingen, entdeckte Max eine Straße, davor stand ein Verbotsschild.

»Wieso ist hier mitten im Wald eine Straße?«, wunderten wir uns und wurden sehr vorsichtig.

Wir gingen nicht an die Straße heran, sondern steuerten rechts davor schnell auf den nächsten Berg zu, um die Gegend von oben einsehen zu können.

Max lief weit voraus, wir waren auf einem steilen, vom Regen ausgewaschenen Weg. Dazwischen lagen große Felsen mit kleinen Kuhlen, in denen das frische Regenwasser stand. Daraus ließ sich besonders gut trinken, und ich nutzte die vielen Gelegenheiten. Als wir von oben in die Ferne sehen konnten, entdeckten wir mit dem Fernglas auf dem Höhenzug, der sich parallel hinter der Straße befand, einzelne Gebäude und einen Aussichtsturm. Dazwischen war die Landschaft bewaldet. Das musste die Grenze sein. Wir wollten sie bis zum Abend mit dem Fernglas beobachten. Menschen waren bis auf einen Posten auf dem Turm nicht zu sehen. Im Hellen wollten wir auf keinen Fall darauf zugehen.

Mehrere Stunden gingen wir parallel zur Grenze entlang – immer in der Deckung der Bäume. Einmal sahen wir in unserer Nähe Kühe, eine war ausgebrochen und kam plötzlich durch das Holz geknackt. Voller Angst saßen wir unter kleinen Tannen und krochen immer weiter in Deckung. Die Kuh rannte aber schnell bergab, hielt sich nicht lange in unserer Nähe auf. Zum Glück hatte es aufgehört zu regnen, und die heiße Sonne meinte es wieder gut mit uns.

Wir gelangten in ein kleines Flusstal. Über dem Fluss lag quer ein dicker Baumstamm. Hier konnten wir Strümpfe waschen, unsere Schuhe und die blauen Farmerhosen trocknen. Wir breiteten die Sachen aus; in der Hitze trockneten sie sehr schnell, wir konnten darauf warten. Jetzt hieß es: ausruhen, schlafen, sonnen und für den Endspurt frische Kräfte sammeln.

Nachmittags gingen wir weiter. Wir kamen in eine unübersichtliche Gegend, in der wir nicht mehr wussten, in welcher Richtung die Grenze verlief. Auf dem Berg waren wir im Kreis gelaufen, ohne es bemerkt zu haben. Verzweifelt befragten wir immer wieder den Kompass. Jetzt mussten wir noch stundenlang sitzen und warten, bis die Dunkelheit anbrach. Gegen Abend setzte der Regen erneut ein und es wurde erheblich kälter, wir konnten Handschuhe gebrauchen. Wir mussten an derjenigen Stelle sein, an der die bulgarisch-griechische Grenze am weitesten nach Bulgarien hineinreicht. Ich konnte mir nicht vorstellen, dass die Grenze hier nicht noch dichter bewacht wurde als anderswo. Ob wir nicht doch weitergehen sollten bis dorthin, wo die Grenze nicht so weit nach Bulgarien hineinreicht?

Max meinte, dass wir dann noch zwei Tage länger unterwegs wären. Im Dunkeln könnten wir durch den dichten Tannenwald ungesehen die 300 Meter Höhe überwinden. Am meisten fürchtete ich mich dort vor Hunden. Die Wartezeit bis es dunkel wurde, war endlos – diese Spannung.

Im Schummerlicht, gegen 20.30 Uhr, gingen wir langsam den Berg hinunter. Vorsichtig, ohne auf knackende Zweige zu treten, näherten wir uns der Straße. Zehn Meter entfernt setzten wir uns hinter einen Baum und beobachteten von dort aus eine halbe Stunde lang die Straße: Fahren Autos, gehen Postenstreifen entlang? Aber alles blieb ruhig, wir konnten nichts hören und sehen, nur das Rauschen eines Baches, den wir durchqueren mussten.

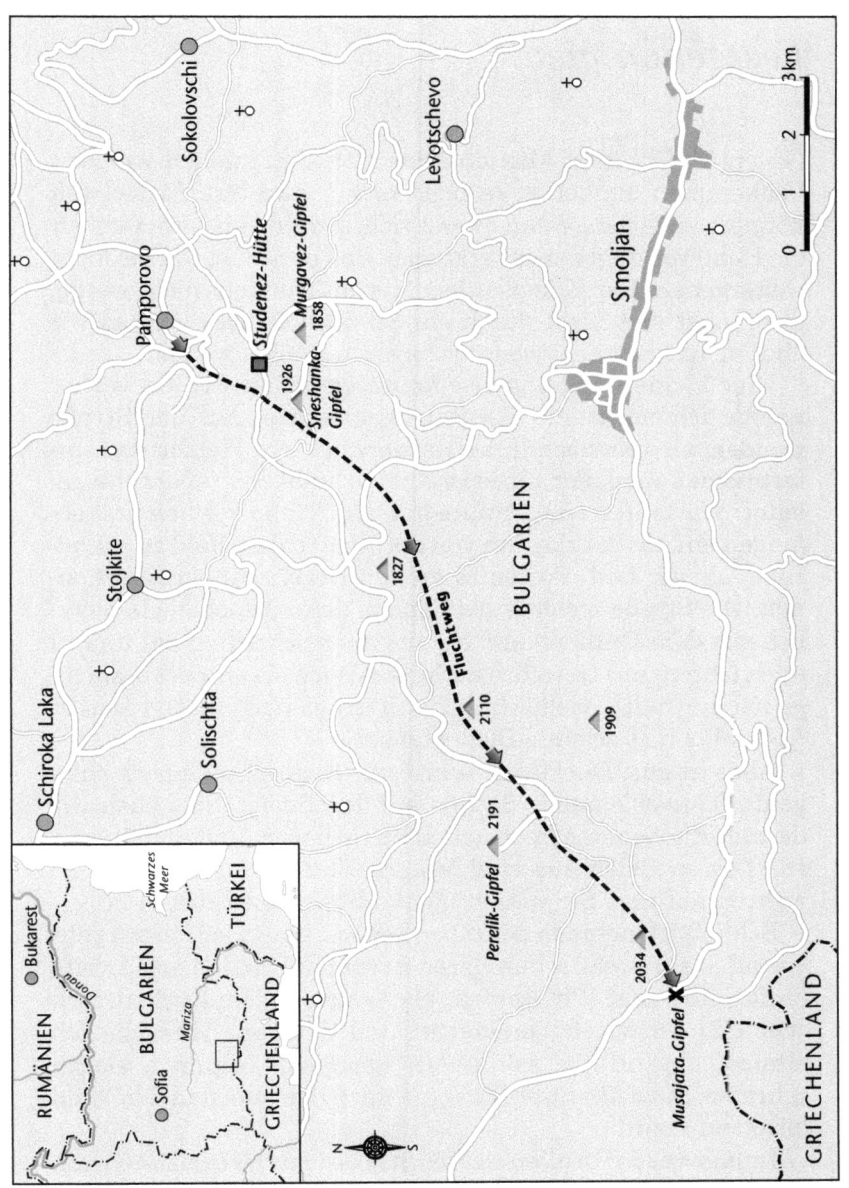

Festgenommen

Gegen 21 Uhr sagt Max entschieden: »Jetzt gehen wir los.« Vollkommen dunkel ist es noch nicht, etwa fünf Meter weit können wir sehen. Wenn es erst richtig dunkel ist, können wir die Hand vor Augen nicht erkennen und ohne Lichtquelle nicht weitergehen. Der Kompass leuchtet im Dunkeln nicht genug, er braucht erst Licht durch ein Streichholz. Das können wir aber nicht benutzen, wenn wir nicht auffallen wollen.

Eine kleine Böschung also hinunter auf die Straße, vorher nehme ich noch eine Beruhigungstablette. Auf der Straße wenden wir uns nach links, da sie von einer Holzbrücke unterbrochen wird, der Fluss ist auf die andere Straßenseite geleitet. Wir laufen eine Minute auf der Straße entlang und gelangen auf die Brücke, um von dort aus in den Wald zu schleichen, als wir zwei Posten in großen Regenumhängen erkennen. Die Straße macht einen Knick, daher tauchen sie plötzlich aus dem Dunkeln auf. Sie kommen schreiend auf uns zu und richten ihre Gewehre auf uns. Als ich sie entdecke, springe ich zur Seite, vielleicht schaffe ich es noch in den Busch. Aber Max ruft schon: »Bleib stehen!«

Alles ist aus. Die Posten schreien: »Bagasch« (Gepäck ablegen!). Ich werfe meine Sachen auf den Boden. So stehen wir da, mit erhobenen Armen, einen furchtbaren Augenblick lang. Die Posten zielen aus zwei Metern Entfernung mit den Gewehren auf uns. Sie wissen nicht, ob wir bewaffnet sind.

Schließlich nehmen sie unser Gepäck, einer der Posten geht voran, das Gewehr schussbereit in seinen Händen, der zweite läuft hinter uns. Wir stapfen, die Arme auf dem Rücken, zwischen ihnen durch Dunkelheit und Pfützen. Versuche ich einmal, eine Pfütze seitlich zu umgehen, beginnen sie zu schreien. Sie befürchten, dass ich mich doch noch in den Wald absetzen könnte.

Immer wieder brüllen sie uns ins Gesicht: »Graniza« (Grenze) und »Faschism–Sozialism«. Was sie sonst noch rufen, verstehe ich nicht. Andere Soldaten kommen auf Pfiffe seitlich aus den Büschen. Sie fallen sich vor Freude in die Arme. Max hört heraus, dass ihnen als Belohnung für unsere Festnahme ein Urlaub in Varna am Schwarzen Meer in Aussicht steht. Wir verlassen die Straße, es geht den Berg hinauf zum Quartier. Der Anstieg fällt schwer, aber ich darf nicht verschnaufen. Erschreckend, wie viele Posten aus dem Dickicht gerufen werden. Diese letzte Kette hätten wir nie durchbrechen können. Im Abstand von 500 Metern stehen jeweils zwei Posten. Zwei Offiziere kommen uns entgegen, sie leuchten uns mit Taschenlampen ins Gesicht:

»Helga und Max!«

Ach, könnten wir uns jetzt in Hänsel und Gretel verwandeln! Aber es gibt kein Zurück. Die Grenzer hatten uns schon erwartet, sie waren aus Pamporovo benachrichtigt worden.

Sie leuchten uns den Weg – wie zuvorkommend! Oben angekommen, drängen sie uns durch ein riesiges Tor, auf dem ein Sowjetstern prangt. Unter dem Tor werden Max mehrere Kinnhaken versetzt, er stürzt zur Seite. Ich muss dabei zusehen, bis mich ein Grenzer in den Oberarm kneift und durch das Tor stößt. Ja, ich bin eine große Pech- und keine Goldmarie.

Ich gehe vorweg in ein riesiges Gebäude hinein. In einer großen Empfangshalle stehen hunderte Soldaten mit strahlenden Gesichtern in Reih und Glied zu unserem Empfang. Die Posten tragen weiße Achselhemden; sie grinsen, als wir an ihnen vorbeigehen. Sie bringen uns in ein winziges Zimmer, fünf Offiziere beginnen uns abzutasten und alles aus unseren Hosentaschen auf den Tisch zu legen. In dem Raum stehen ein Drahtbett, eine Liege und ein Schreibtisch. Alle sitzen, nur wir stehen noch mit den Händen auf dem Rücken.

Unheimlich heiß ist es in dem Raum. Nach etwa einer halben Stunde wird Max ganz bleich und setzt sich einfach auf einen Stuhl. Die Offiziere brüllen etwas, aber er bleibt sitzen und verlangt nach Wasser. Das wird uns auch gebracht. Danach fällt uns das Stehen wieder leichter. Ich bin froh, dass Max nicht in Ohnmacht gefallen ist.

Gegen Mitternacht haben sie jede Kleinigkeit durchsucht und aufgeschrieben. Es geht hinaus in einen offenen Jeep. Jeder von uns sitzt zwischen zwei Posten, eine wilde Fahrt beginnt. Der Fahrer jagt den Berg hinunter durch tiefe Schlaglöcher, dass ich oft an die Decke fliege und mir den Kopf stoße.

Dann folgt eine halbstündige Fahrt auf der Straße entlang durch den dunklen Wald. Endlich kommen die ersten Baracken, dort fragen die Offiziere nach leeren Zellen für uns. Ergebnislos, alles belegt, die Fahrt geht weiter. Wir müssen in einer größeren Stadt sein. Später erfahre ich, dass es Smoljan ist. Die Posten bringen uns zunächst in eine Halle, in der wir eine Weile warten müssen. Dort erinnere ich mich, wie mir Max gesagt hatte:

»Sobald du schreiben kannst, soll der erste Brief an deine Eltern gehen.«

Welche Illusion, schreiben kann ich hier doch nicht.

Max wird zuerst wegbefördert, danach führen mich die Posten in ein anderes Gebäude. Es wirkt wie ein Stall, etwa zehn Holztüren sind mit riesigen Schlössern verhängt. Vor einigen Türen stehen Schuhe. Eine dieser Kemenaten wird mir aufgeschlossen.

»Schuhe ausziehen, draußen lassen«, heißt es. Wir hätten uns wohl damit umbringen können.

Hoch über jeder Tür befindet sich ein Drahtgitter, durch das Licht vom Flur in die Zelle fällt. Der Wärter stößt mich hinein.

Auf dem Boden liegt bereits eine schwarzhaarige Frau. Der Wärter sagt etwas zu ihr, sie rückt zur Seite. Die Matratze ist äußerst schmal, wir haben beide gerade Platz, wenn wir nicht auf dem Rücken liegen. Da weiß ich noch nicht, dass neben mir eine Mörderin liegt; sie hat jemanden erstochen. Mehrere Male beobachtet uns der Wärter durch den Spion. Mit meinen Sachen am Leibe – nur die gelbe Strickjacke nutze ich als Kopfkissen – falle ich schnell in einen tiefen Schlaf. Alles um mich herum ist mir egal – nur schlafen können nach diesen beiden Tagen der Anspannung.

Rosenduft im Stall

Am frühen Morgen wurde die Tür aufgeriegelt. Das schwarzhaarige Wesen neben mir sprang auf und ging hinaus. Ich folgte ihr. Der Anblick von Smoljan war paradiesisch. Es musste gegen 5 Uhr sein, die Morgensonne strahlte, am Fuße der hohen Berge von Smoljan lagen dichte Nebelschwaden. Wir wurden jede in einen Holzstall gesperrt. Fürchterlicher Gestank machte mir klar, wo ich war, dann erkannte ich Bretter und ein tiefes Loch. Ich vernichtete mein Notizbuch mit einigen Adressen und Aufzeichnungen, das ich in meiner Hosentasche versteckt hatte.

Eine halbe Stunde später brachten die Wärter uns zusammen in eine andere abbruchreife Baracke. An der Wand erkannte ich Wasserhähne; ich wusch mein Gesicht und die Hände und ging zurück in das finstere Loch.

In der neuen Zelle konnte ich die andere Frau besser sehen. Ihre langen schwarzen Haare wallten über ihre Schultern hinab auf ein rotkariertes Kleid. Vom Sonnenstrahl geblendet, tastete sie sich wie ein scheues Reh an der Wand entlang. Sie sah bildschön aus und war trotz ihrer primitiven Kleidung wohl die hübscheste Zigeunerin, die mir während meines Bulgarien-Aufenthaltes begegnet ist. Dann legte sie die Decken zusammen, als wollte sie uns am Boden ein Sofa für den Tag bauen. Wir setzten uns beide dorthin und begannen, uns etwas mit den Händen gestikulierend verständlich zu machen.

Bina war 21 Jahre alt. Ihr Oberarm war verbunden, ich verstand etwas von einem Baby und reimte mir zusammen, dass sie es umgebracht hätte. Später erfuhr ich von Max, der zusammen mit einigen Bulgaren in einer Zelle saß, dass sie ihren Mann aus Eifersucht erstochen hatte.

Bina und ich verstanden uns gut, obwohl wir uns einander kaum verständlich machen konnten. Sie besaß eine alte Illustrierte, die sie als Einwickelpapier benutzt hatte. Daraus las sie mir auf Bulgarisch etwas über Marlene Dietrich vor, die zu dieser Zeit in Kuba war. Mehr verstand ich nicht; es ge-

Blick auf den Gebirgsort Smoljan, meine erste Gefängnisstation.

nügte schon, dass überhaupt jemand sprach. So vieles wollte sie mir erzählen, wiederholte es mehrmals, aber leider ergebnislos. Bina bewunderte meinen Ring, den mir die Offiziere nach der Durchsuchung noch gelassen hatten, probierte ihn an und wirkte sehr stolz.

Nach einigen Stunden hoffte ich auf Frühstück, am Tage zuvor hatten wir zu wenig gegessen. Ich deutete Bina mein Hungergefühl an, was sie prompt verstand und mir einen dicken Knust Brot reichte – wie das schmeckte! Ohne Flüssigkeit konnte ich das Brot allerdings schlecht schlucken. Bina deutete auf einen kleinen Blechtiegel, der mit einem Holzdeckel zugedeckt war. Er stand in der dunklen Ecke neben der Tür. Als ich den Deckel hob, schwamm auf dem Wasser eine aufgeblühte rosa Rose, so groß wie der Tiegel. Dieser Duft berauschte mich in dem dämmrigen einfachen Stall. Das Wasser sollte ich trinken; es schmeckte aromatisch nach Rosen und war dem Chlorgeschmack des Wassers, das ich von zu Hause kannte, unbedingt vorzuziehen. Dieses Erlebnis im Lande der Rosen beeindruckte mich tief und stillte meinen

Durst. Bina gab mir auch zu verstehen, dass wir kein Frühstück bekämen, wir mussten uns vom Abendbrot etwas absparen.

Dann holten mich die Wärter nochmals zur Vernehmung ab. Ein zweites Mal sollte ein ausführliches Protokoll aufgenommen werden über die Sachen, die Max und ich in unserem Beutel getragen hatten; sie lagen ausgeschüttet und durcheinandergewühlt auf dem Tisch. Ein Offizier tippte in die Schreibmaschine, eine Dolmetscherin fragte mich nach jeder Tablette und ihrem Verwendungszweck. Lavex-Erfrischungstücher kannten sie nicht, ich musste sie vorführen. Daraufhin wollten die beiden wissen, ob Max und ich uns lieben würden. Dass zwischen uns keine intimen Beziehungen bestanden, glaubten sie mir sicherlich nicht. Außer ihnen saß noch ein gut aussehender Bulgare in Zivil im Zimmer. Er sah mich mitleidig an und sagte zu mir die wohl einzigen deutschen Worte, die er kannte: »Heinrich Heine«.

Es dauerte drei Stunden, bis sie meine und Max' Sachen getrennt hatten. Wieder in der Baracke, bemerkte ich, dass die Schuhe von Max vor unserer Nachbarzelle standen. Ich klopfte an die Holzwand den Rhythmus von »Lustig ist das Zigeunerleben«. Das Lied hatte er unserer Hotelkapelle auf der Mundharmonika beigebracht, sie spielten es immer zu Beginn ihrer Abendmusik für uns. Nun war es auch an der Zeit, nur nicht lustig.

Bina hatte nachmittags Besuch bekommen, aber sie hatte sich nicht mit ihm unterhalten dürfen. Tränenüberströmt kam sie mit Tüten voller Tomaten und Gurken zurück. Nach einiger Zeit wurde sie nochmals geholt; nun hatte es wohl geklappt, strahlend erschien sie in der Zelle.

Abschied aus Pamporovo

Am Nachmittag des 16. Juli fuhren wir zusammen mit der Dolmetscherin und drei weiteren Personen in einem Jeep in unseren Urlaubsort Pamporovo zurück, um unser Gepäck zu holen. Von Smoljan aus ging es zwei Stunden eine bezaubernde Gebirgsstrecke entlang. Vielleicht wirkte auf mich alles doppelt so schön nach meinem Aufenthalt in der dunklen Zelle und mit den Vorahnungen auf das Kommende. Zum letzten Mal konnte ich die sanften Hänge mit ihren bunten Blumenwiesen bewundern. Unterwegs fragte mich der Polizeichef per Dolmetscherin, ob ich Russisch spreche. Als ich antwortete, dass ich die Sprache acht Jahre in der Schule gelernt hätte, sie aber weder verstehen noch sprechen könne, meinte er gehässig: »Sie können nicht Russisch, weil Sie die Russen nicht lieben.« Gern hätte ich ihn zurückgefragt, wie ich die Russen lieben könne, die meinen Vater 1945 bis zur Bewusstlosigkeit und Gehirnerschütterung zusammengeschlagen hatten, nur um an seine Uhr zu gelangen.

Am Orteingang von Pamporovo stand das Berliner Architektenehepaar zusammen mit einer anderen Familie. Mit ihnen hatten wir zwei Abende zuvor noch am Tisch gesessen und Witze über Berlin erzählt. Die Architekten hatten einen Sohn in Westberlin, die befreundete Familie eine Tochter in Chicago. Ihre Unterhaltung verstummte, als sie das grüne Militärauto ankommen sahen.

In der Vorhalle des Hotels verwickelten uns der Dolmetscher George, der DDR-Reiseleiter und acht weitere, überwiegend bulgarische Hotelgäste in eine heiße Diskussion. George sagte, er hätte angenommen, dass uns bei dem großen Fest am Sonntag etwas zugestoßen sei, dass wir mitgefeiert, getrunken und uns vielleicht im Wald verirrt hätten. Deshalb hätte er abends die umliegenden Dörfer alarmiert und uns suchen lassen. Es seien vor allem Werktätige gewesen, die ihren Nachtschlaf wegen unserer Dummheit geopfert hätten und am nächsten Tag wieder schwer arbeiten mussten. Wir

Auf der Fahrt mit dem Jeep zurück nach Pamporovo konnte ich noch einmal die herrlichen Blumenwiesen im Rhodopengebirge bewundern.

hätten die Gastfreundschaft der Bulgaren missbraucht, mit ihnen gefeiert und uns mit ihnen angefreundet. Wäre er an der Grenze gewesen, hätte er uns erschossen.

Zu mir sagte er:

»Sie haben Ihre Rolle gut gespielt, jetzt ist das Spiel aus.«

Uns war indessen klar, dass George vom ersten Abend an von unserem Plan gewusst hatte; jeden unserer Spaziergänge hatte er verfolgen lassen, sodass wir nur während des Festes fliehen konnten.

Von zwei Wachposten begleitet, ging ich auf mein Hotelzimmer, um meine Sachen zusammenzupacken. Auf dem Nachttisch stand noch ein Teller mit Aprikosen, die ich in meine Tasche steckte. In meinen Waschlappen drehte ich einen dicken Knoten und ließ ihn als Gruß an das Fräulein Lehrerin zurück.

Am Abend wurden wir in den Speisesaal geführt; drei deutsche Reisegruppen und viele Bulgaren saßen beim Essen, das

Personal bediente, die Kapelle spielte. Auf die Tanzfläche war ein Tisch gestellt worden, an den wir uns setzen mussten. George hatte uns mitgeteilt, dass wir vor allen Anwesenden Rechenschaft über unsere Tat ablegen sollten. Dagegen hatte der deutsche Reiseleiter zu bedenken gegeben, dass viele Urlauber, besonders aus unserer Gruppe, auf unserer Seite stünden und sich mit uns solidarisch erklärten. Er hatte Angst vor einer öffentlichen Debatte.

Das Gespräch fand jedoch wie vorgesehen statt. Zunächst redete der Oberst der Polizei Smoljans – er wurde übersetzt –, danach George. Anschließend sollte Max seine Gründe zur Flucht darlegen. Er brachte es fertig, in aller Ruhe eine Rede zu halten. Ich hätte vor Aufregung keinen Ton sagen können, zum Glück brauchte ich das auch nicht.

Aus dem Saal kamen einige gemeine Zurufe, als erwähnt wurde, dass Max ein Stipendium bekommen hatte. Unsere Reisegruppe schien jedoch äußerst bedrückt. Ihnen war die Urlaubsstimmung vergangen, wie ich später erfuhr. Wie Verbrecher wurden wir hinausgeführt, meinen »Aufzug« hätte ich im Spiegel sehen mögen: blaue Leinenhosen, schmutzig und zerknautscht unter einem bunten Rock, dicke Socken und derbe Wanderschuhe, blaue Bluse, grauer Pullover und Strickjacke. Besonders das deprimierte mich, weniger, was wir getan hatten.

George, der Dolmetscher, begleitete uns an das Auto. Ich gab ihm zum Abschied die Hand und bedankte mich bei ihm – trotz allem, was er zu uns gesagt hatte. Ab ging die Fahrt; sie fiel mir schwer. Im Auto konnte ich mich nicht mehr beherrschen, die Tränen rollten über mein Gesicht. Ich aß einige Aprikosen und versuchte, mich damit abzulenken, auch Max gab ich einige Früchte. Unsere Begleiter sagten nichts dazu.

Plötzlich nahm der Bulgare in Zivil, der neben mir saß, meine Hand und begann sie zu streicheln. Auf Französisch flüsterte er mir etwas zu von Liebe. Da es anfing, dunkel zu werden, konnten die anderen im Auto nichts davon sehen. Diese Rückfahrt schien mir so grotesk: Der Bulgare zeigte mir, seinem Feind, sein Mitgefühl. Doch es tat mir in diesem Augenblick gut.

Die Wälder von Pamporovo.

In diesen Tagen konnte ich oft nicht mehr zwischen Wirklichkeit und Fiktion unterscheiden. Hatte ich mich für einige Minuten in diesen gutaussehenden Feind verliebt? Oder hätte ich ihn anspucken sollen? Wie dachte er wohl? Und was hätte Max gedacht, wenn er uns so gesehen hätte? So bald, meinte ich, wird niemand mehr versuchen, mich zu trösten, also ließ ich es geschehen. Ich ahnte nicht, dass dieses Drama im Gefängnis von Sofia auf andere Weise fortgesetzt werden sollte.

Busfahrt nach Sofia

Als ich spät abends in die Zelle zu Bina zurückkehrte, wusste ich noch nicht, dass dies meine letzte Nacht in Smoljan werden würde. Am 17. Juli, um 5 Uhr morgens, wurden Max und ich von zwei Soldaten zur öffentlichen Bushaltestelle geführt. Die Fahrt nach Sofia dauerte 13 Stunden, und sie war unerträglich heiß. Wir saßen hinten im Bus auf der letzten Bank, die Fahrgäste stiegen nur vorn ein und aus. Max und ich saßen nebeneinander, neben uns zu beiden Seiten die Soldaten, mit denen wir uns nicht verständigen konnten. Deshalb erlaubten sie uns auch nicht, miteinander zu sprechen.

Der Bus hielt in allen größeren Städten, alle außer uns stiegen aus, kauften sich Essen und Getränke. Jedes Mal, wenn der Bus wieder anfuhr, liefen noch einige Fahrgäste hinterher, sodass wir wieder halten mussten. Einen richtigen Fahrplan gab es nicht. Nach vielen Stunden hatten die Soldaten ein Einsehen und reichten uns aus einem Brotbeutel salzigen Schafskäse und einen Runken Brot. Davon bekamen wir großen Durst.

An der Raststätte am Batschkovokloster durften wir endlich auch aussteigen und uns mit den Bewachern an einen Tisch setzen. Getränke bekamen wir nicht, wir sollten nur etwas frische Luft schnappen. Ich sagte Max, er solle den beiden zu verstehen geben, dass ich zur Toilette müsse. Einer der Soldaten führte mich dorthin und blieb direkt vor der Tür stehen. Alle Fahrgäste des Busses standen in kleinen Grüppchen um uns herum, diskutierten und bemitleideten uns. Besonders mich starrten sie an; das war entsetzlich und ging fast über meine Kräfte. Meine Wut konnten sie sicher an meinem Gesicht ablesen.

Dann hieß es einsteigen, die Fahrt ging weiter. Auf der rechten Seite schlängelte sich ein Fluss entlang, links stiegen Felsen an. Plötzlich mussten wir anhalten, die Straße war verschüttet mit Steinen. Vor uns stand eine riesige Schlange Autos. Mit Schaufeln versuchten einige, das Geröll zu beseitigen. Der Bus stand zwei Stunden in der prallen Sonne bei 40 Grad.

Die Fahrgäste gingen in den schattigen Wald oder in eine Gaststätte. Nach einiger Zeit kam ein Herr mittleren Alters in den Bus und schenkte mir einen Blumenstrauß aus weißer Waldrebe. Ich konnte es kaum fassen. Jetzt erkannte ich wieder das typische mitleidige Herz der Bulgaren. In Deutschland hätte es wohl niemand gewagt, sich in dieser Weise einem Gefangenen zu nähern. Es rührte mich zutiefst, und die Tränen rollten wieder, denn die Hitze hatte mich nervös gemacht. Ein jüngerer Herr sagte auf Deutsch:

»Ich hole Ihnen Selters.«

Als wir die Flasche in einem Zug geleert hatten, brachte er noch eine weitere und dazu eine Dose Heringe.

Abends erreichten wir Sofia. Ein eigentümlicher Kontrast: Mit unseren Koffern liefen wir die belebten Straßen der Großstadt entlang und waren doch nicht frei. Die Passanten beachteten uns kaum. Fünf Minuten später bogen wir in eine Seitenstraße und steuerten auf die Polizeistation zu.

Im Vorgarten konnten wir uns auf eine Bank setzen und warten. Ständig betraten und verließen Polizisten das Gebäude.

Nach einiger Zeit kam ein jüngerer Herr in Zivil und bat uns höflich auf Deutsch, in seinen Personenwagen zu steigen. Gleich fühlten wir uns nicht mehr wie Verbrecher. Er fragte uns:

»Na, was haben Sie denn getan?«

»Wir wollten nach Westdeutschland«, sagte ich.

Darauf erwiderte er nichts, das war für ihn täglich Brot, nichts Neues mehr. Durch ein großes Holztor fuhren wir durch ein riesiges Gebäude mit unzähligen vergitterten Fenstern auf einen Innenhof. Um das Gebäude herum stand eine hohe, weiße Mauer.

Lucie aus Syrien

Ich wurde als Erste in das Zimmer des Vernehmers geführt. Es war der höfliche Herr in Zivil, der uns von der Polizeistation abgeholt hatte. Er kannte meine Heimat, die Städte Rostock, Greifswald und Schwerin und fragte mich nach dem Rostocker Hafen. Nachdem er sich länger mit mir unterhalten hatte, meinte er bedauernd, dass er uns jetzt leider getrennt für vier Wochen einsperren müsse. Wir kamen auf einen langen Gang mit unzähligen eisernen Türen. Ich erhielt eine Zelle mit Bett, Tisch und Stuhl – so etwas Pompöses war ich gar nicht mehr gewohnt, es schien mir fast wie ein Hotelzimmer.

Zum ersten Mal war ich jetzt allein in der Zelle und der großen Einsamkeit nahe. Kam ein Posten herein, um mir etwas zu sagen, lachte ich ihn nur an, denn ich verstand ihn nicht. Nur mein Vernehmer sprach Deutsch. Das Abendessen wurde auf richtigen Suppentellern serviert. Bisher war ich es gewohnt, aus einer Blechschale auf dem Boden sitzend zu essen.

Am nächsten Morgen begann die Vernehmung. Der Chef seufzte dabei mehr als ich, er bedauerte mich und fragte, ob ich keine Angst gehabt hätte: Ich käme ihm vor wie eine Partisanin. Die folgenden Vernehmungen liefen nun öfter so ab, und ich fand sie sehr amüsant.

»Haben Sie Ihren Eltern von Ihren Fluchtplänen denn nichts erzählt?«, wollte er wissen.

»Nein«, antwortete ich wahrheitsgemäß.

»So etwas kommt doch in einer deutschen Familie nicht vor, es ist mir unverständlich. Warum haben Sie nicht in Deutschland, zum Beispiel in Thüringen, versucht, über die Grenze zu gehen?«

»Ich wollte nicht erschossen werden«, meinte ich.

»Aber in Bulgarien wird auch geschossen an der Grenze. Eure Grenze ist auch unsere Grenze, und unsere Grenze ist auch eure Grenze«, sagte er.

Ich fragte ihn, ob ich einen Brief nach Hause schreiben dürfe, um meine Eltern zu beruhigen. Das lehnte er ab. Dann bat ich ihn um ein Buch und bekam gleich zwei, »Schlacht unterwegs« von Galina Nikolajewa und den Roman »Die Rettung« von Anna Seghers über sechs verschüttete Bergleute, den ich eher monoton fand.

Nachmittags kam der Vernehmer plötzlich in meine Zelle und fragte mich, ob ich eine Gefährtin haben wollte: »Sie spricht etwas Französisch und ist sehr ordentlich. Das wird interessanter für Sie. Die Frau ist aus Syrien und hat in Bulgarien verbotenerweise mit Textilien gehandelt.«

Ich zog gerne mit ihr zusammen, denn alleine in der Zelle war es entsetzlich. Der Vernehmer meinte, ich solle die Frau aufmuntern, sie würde den ganzen Tag weinen, seit ein bulgarisches Mädchen aus ihrer Zelle entlassen worden sei. Er fürchtete, dass sie sich etwas antun könnte, sie hätte bereits eine Tasse Wasser mit hineingebrochenen Streichhölzern getrunken.

Lucie war 32 Jahre alt und stammte aus Aleppo in Syrien. Sie begrüßte mich freudig mit »Bonjour« und strahlte. Anfangs konnten wir uns nur schwer verständigen, obwohl sie Türkisch, Arabisch, Armenisch und ein bisschen Französisch sprach, noch von der Schule her. Sie hatte schwarzes Haar und sah viel älter aus, mindestens wie 45 Jahre. Sie hatte fünf Kinder, zwei aus der ersten Ehe ihres Mannes. Lucie besaß einen Textilladen, hatte eine höhere Schule besucht und machte einen gebildeten Eindruck. Sie stöhnte ständig, aber wir lachten auch oft. Gemeinsam mit einigen anderen Syrern war Lucie im Urlaub ans Schwarze Meer gefahren, hatte Kleidung mitgebracht und dort für Dollar verschachert.

Sie erzählte, dass viele Syrer nach Australien auswandern würden, da sie die sowjetunionfreundliche Politik ihres Staatschefs, Gamal Abdel Nasser, ablehnten. Ob auch Lucie nach Australien wollte, verstand ich nicht. In Bulgarien war Handeln verboten und wurde mit einigen Monaten Haft bestraft. Aus ihrem Fall, so hatte mich der Vernehmer zuvor unterrichtet, sollte eine Art Präzedenzfall gemacht werden, er sollte als abschreckendes Beispiel für andere Händler in Bulgarien dienen.

Meine Kleidung interessierte Lucie sehr, sie wollte wissen, wie viel Dollar sie gekostet hatte. Was ich ihr über unsere Mauer, die Grenze und das Leben in der DDR erzählte, fand sie entsetzlich und unglaubwürdig. Lucie besaß von ihrer früheren Zellengefährtin noch einige Bücher, auf einem Umschlag war ein Mühlespiel eingezeichnet. Als Spielsteine konnten wir zerbrochene Streichhölzer nutzen. Leider fehlten mir die französischen Worte, um ihr das Spiel richtig erklären zu können. Ich konnte ihr das Setzen nur immer wieder vormachen. Lucie war aber nicht geduldig genug, sie verstand den Sinn des Spiels nicht, und es machte ihr keinen Spaß.

In unserer Zelle befand sich nur ein Fenster hoch oben an der Wand. Um heraussehen zu können, musste Lucie auf das Gitter am Kopfende des Eisenbetts steigen. Das war umständlich, aber ihre Neugier war grenzenlos. »Il regard?« lautete jede zweite Äußerung von ihr. Sie wollte wissen, ob der Wachposten kommt und durch den Spion sieht. Während sie aus dem Fenster schaute, sollte ich an der Tür stehen bleiben und aufpassen. Erwischte der Posten sie beim Hinausschauen, brüllte er sofort los. Dann zuckte sie nur mit den Schultern, als wunderte sie sich, warum er schreit. Die Posten wussten, dass sie frech war und sich nichts sagen ließ. Aber sie mochten Lucie, das merkte ich.

Am nächsten Tag teilte uns der Vernehmer mit, dass wir eine bessere Zelle erhalten würden. Wir nannten sie unser »Appartement«; die Wände waren grün getüncht, die Betten passten gerade nebeneinander. Dazwischen blieb kein Spalt mehr frei; um herauszukommen, mussten wir über das Gitter am Fußende steigen. Links stand ein Tisch mit zwei Stühlen, rechts eine kleine Kommode mit zwei Schubladen – einfach feudal, fanden wir.

Zum Essen holte Lucie sich einen Stuhl an die Kommode, ich saß am Fußende meines Bettes. Hätte Lucie zum Essen nicht so laut gerülpst, hätte mir meine Suppe oft noch besser geschmeckt. Ich hatte gelesen, dass solche Äußerungen in den südlichen Ländern darauf hindeuten, dass das Essen schmeckt, dort gehört es zur guten Sitte.

Fideles Gefängnis

Um 7 Uhr begann der Gefängnisbetrieb: Der Posten führte Lucie und mich über einen langen Gang zur Toilette und an den Wasserhahn und reichte uns anschließend je einen Reisigbesen ohne Stiel. Um beim Kehren nicht zu viel Staub aufzuwirbeln und die trockene Luft zu befeuchten, besprengten wir den Holzfußboden unserer Zelle mit Wasser.

Die Toilette bestand aus einem Loch im Boden, in der Ecke stand ein überfüllter Papierkorb, alte bulgarische Zeitungen lagen zur Genüge herum. Im Toilettenvorraum waren über einer langen zementierten Wasserrinne mehrere Wasserhähne angebracht. Dort konnten wir schnell unsere Zähne putzen und die Waschlappen befeuchten. Zum ausführlichen Waschen blieb keine Zeit, so lange geduldeten sich die Posten vor der Tür nicht. Da Lucie in vielem länger brauchte als ich, auch tagsüber, nutzte ich die Gelegenheiten, um einige gymnastische Übungen zu machen. In der Zelle hatten wir nicht genügend Bewegung; außerdem gab es jeden Tag Paprika und Weißkohl zu essen, wovon ich oft Blähungen bekam.

In unserer Wasserkaraffe nahmen wir frisches Leitungswasser zum Frühstück mit. Zweimal in der Woche erhielten wir morgens warmen Tee. Gegen 8 Uhr brachten die Posten Körbe mit Brot, das in dicke Stücke gebrochen war. Zweimal wöchentlich wurde dazu salziger Schafskäse ausgeteilt. Erst später kam ich auf die Idee, diesen in Wasser zu legen und am nächsten Tag zu essen. Selten gab es Marmelade, nie Butter. Das trockene Brot schmeckte aber auch ohne Belag zusammen mit dem herrlichen Wasser bestens.

Durch unser vergittertes Fenster schien die Morgensonne bis etwa 12 Uhr, welch ein Glück! Ich lag auf meinem Bett, wie im Sanatorium, die Sonne im Gesicht und las. Bis zum letzten Strahl nutzte ich sie aus.

Einmal kam der Vernehmer in unsere Zelle, um mit Lucie zu sprechen. Ich wollte mich erheben, doch er meinte zu meiner Verblüffung, ich solle nur liegen bleiben. Der Roman

»Schlacht unterwegs« fesselte mich sehr, oft vergaß ich ganz, dass ich im Gefängnis war. Während ich las, schlief Lucie, rauchte oder sang. Von Ästhetik hielt sie leider nicht viel, ihre große »Lauseharke« lag meist auf dem Esstisch. Auch benutzte sie, ohne mich zu fragen, meine Seife, was ich aber geschehen ließ. Andere Länder, andere Sitten, sagte ich mir, denn streiten wollten wir uns nicht. Dass sie sich aber, öfter auch nachts, rauchend auf mein Kopfkissen stellte, um den Rauch aus dem Fenster zu blasen, störte mich wirklich. Unsere Füße waren nicht immer sauber, und Strümpfe hatten wir nicht an. Angeblich konnte sie von meinem Bett aus besser nach draußen sehen. Ob ich dadurch nachts wach wurde oder nicht, spielte für sie keine Rolle. Manchmal weckte sie mich und fragte: »Toilett?« Dann sollte ich mitgehen – das hieß anziehen, kämmen, klopfen, bis der Posten kommt und uns zur Toilette führt, den langen öden Gang entlang. Aus sanftem Schlaf oder Traum gerissen, kam mir das Gefängnis noch viel trostloser vor als sonst.

Unser Mittagessen wurde stets auf tiefen Tellern serviert, meist gab es Reissuppe mit Paprika und Tomaten, dazu gebrochenes Brot. Die Teller stellten wir vor dem Essen vor die Zellentür auf den Fußboden, dann fuhr ein Posten auf einem Wagen mit dem großen Suppentopf vorbei und kellte auf. Als Nachtisch gab es meist Melonenstücke oder wässrige Birnensuppe.

Nach dem Essen hielten wir Mittagsschlaf, bis vor unserem Fenster das Volleyballspiel zwischen den Vernehmern und den arbeitenden bulgarischen Strafgefangenen begann. Waren unsere Vernehmer nicht mit dabei, stellten wir uns auf die Betten und sahen den Spielern – verbotenerweise – zu. Oft flog dabei der Ball absichtlich gegen unser Fenstergitter. Die Gefangenen freuten sich, wenn wir ihr Spiel verfolgten. Sie winkten und lächelten heimlich zu uns hinauf, und bald gehörten wir als Zuschauer richtig zum Spiel. Ob andere Zellenbewohner sich das auch erlaubten? Mehrmals stürzten Posten in unsere Zelle und schnauzten uns an; bei einigen konnten wir uns das auch wirklich nicht herausnehmen. Lucie tat dann immer so, als verstünde sie nicht, was sie brüllten und sagte nur vorwurfsvoll »Volleyball«.

Lucie hatte die Wachposten schon länger um Spielkarten gebeten, die sie an einem späten Abend auch tatsächlich erhielt. Sofort fing sie an, auf ihrem Bett Karten zu legen. Am nächsten Tag brachte sie mir »Pinek« bei, ein syrisches Kartenspiel zum Auslegen und Abnehmen für zwei, das wir jeden Abend mehrere Stunden lang mit großer Begeisterung spielten. Die Ergebnisse kritzelte sie, aus Mangel an Papier, winzig klein auf ihre Zigarettenschachteln. Zigaretten und Streichhölzer wurden abends kostenlos verteilt. Beim Spielen und Rauchen vergaßen wir oft, wo wir uns befanden und lachten herzbefreiend. Ein netter Posten, der aber auch sehr anzüglich war, brachte uns das bulgarische Kartenspiel »Tablonett« bei. Daraufhin tauften wir ihn »Mister Tablonett«. Er spielte mit uns im Stehen und ließ dabei die Zellentür offen, damit er hörte, wenn sich auf dem Flur etwas regte.

Wenn wir uns abends auszogen, standen die Posten am Spion und sahen uns dabei zu. Ich verkroch mich dann links neben die Tür, in die einzige Ecke, die nur halb einzusehen war. Eines Abends waren wir wieder einmal übermütig. Mister Tablonett hatte Dienst und ich verschmierte den Spion mit frischem Brot, das gab Krach. Oft kam er, wenn wir in unseren Betten lagen, noch einmal in die Zelle. Er wollte mich in den Schlaf schaukeln und »Lecke Notsch«, gute Nacht, sagen. Dabei erlebte ich erneut den Zwiespalt, den ich auf der Rückfahrt ins Gefängnis von Smoljan empfunden hatte: Meinen Feind, den bulgarischen Gefängniswärter, hatte ich mir notgedrungen zu einem »Freund« gemacht.

Mister Tablonett sprach etwas Russisch, und da ich von dem Vernehmer ein gutes französisch-russisches Lehrbuch bekommen hatte, klappte unsere Verständigung einigermaßen. Die Worte, die mir im Russischen fehlten, wusste ich auf Französisch und umgekehrt. Die Grammatik hatte ich intensiv durchgearbeitet, seitenweise Vokabeln aufgeschrieben, mit Lucie laut gelesen und Zahlen aufgesagt. Unsere Unterhaltung auf Französisch wurde immer besser, sie erzählte mir Filme und einiges über ihre Heimat. Wir verständigten uns nur mit Hilfe von Substantiven und setzten die Verben dazu, ohne Endungen und Bindewörter. Manchmal kam es dadurch auch zu Missverständnissen oder ich verstand gar nichts.

Einmal reichte mir der Chef einige Bücher über Konzentrationslager aus der Nazizeit. Die Bilder darin erschreckten und fesselten mich so, dass ich sie abzeichnen musste. Leider hatte ich nur wenig Papier. Besonders beeindruckten mich einige Abbildungen vom Konzentrationslager Ravensbrück, von der verhafteten kommunistischen Widerstandskämpferin Lilo Hermann mit ihrem Kind und von vielen ausgezehrten Gestalten. Etwas über dieses Elend zu lesen und es zu zeichnen, erleichterte mir den Haftalltag. Wir hatten es warm, gut zu essen und wir verstanden uns – was wollten wir mehr?

»Ein Schiff wird kommen«

Die Vernehmungen fand ich meistens amüsant. Dem Chef tat ich leid, er bedauerte mich. Er war groß, schlank, hatte ein kleines Bärtchen unter der Nase und verhielt sich mir gegenüber sehr menschlich. Gleich zu Anfang hatte er mich gefragt, ob ich noch Taschengeld im Gepäck hätte, dafür könne ich mir einige Waren im Einkauf besorgen lassen. Immer wieder erkundigte er sich danach, ob ich etwas brauchte.

Einmal fragte ich nach Butter, die er mir am nächsten Tag brachte. Als ich sie aß, nach längerer Zeit das erste Mal, wurde mir davon schlecht. Durch die Hitze war sie flüssig geworden, und das frische Brot in Runken tat sein Übriges.

Von morgens bis abends tönte aus den Lautsprechern Musik. In keinem anderen Land hatte ich bis dahin so schöne Gesänge gehört, und das sogar im Zuchthaus. Jeden Tag ertönte mehrere Male der griechische Schlager »Ein Schiff wird kommen«.

Morgens um 7 Uhr fegten zwei bulgarische Gefangene den Hof. Stand ich gerade am Zellenfenster, überbrachten sie mir einen Gruß: Sie nickten mit dem Kopf und zwinkerten mit den Augen, manchmal verzogen sie nur den Mund oder hoben leicht ihren Arm. Den Arm zu heben war allerdings riskant, weil das der Wachposten am Ausgangstor des Hofes registrieren konnte.

Am 24. Juli, eine Woche nach unserer Einweisung, teilte mir der Chef mit, dass wir bereits am übernächsten Tag abfliegen sollten. Vorgesehen waren vier Wochen, und ich bat ihn, auch so lange in Bulgarien bleiben zu dürfen. Als ich Lucie von der Abreise erzählte, fing sie zu weinen an und rauchte eine Zigarette nach der anderen – auch nachts, wenn sie wach wurde. Dazu stellte sie sich wieder auf mein Kopfkissen. Um das besser ertragen zu können, rauchte ich manchmal mit.

Doch mein Abflug wurde noch verschoben. Der Chef meinte, dass das Flugzeug schon voll besetzt sei. Jeden Monat brachte eine Militärmaschine die Flüchtlinge in die DDR zurück. Das erfuhr ich aber erst, als ich selbst im Flugzeug saß.

Zuvor hatte ich mir noch eingebildet, mit einer gewöhnlichen Passagiermaschine fliegen zu können. Eine Fluglinie führte alle paar Stunden über unser Gebäude hinweg. Aus unserem Zellenfenster konnte ich einen Teil des Vitoschagebirges sehen und am Abend einige Lichter von Sofia. Jeden zweiten Tag verbrachten wir eine halbe Stunde im Blumengarten des Gefängnisses. Wir wurden von Mister Gardin – auf diesen Namen hatten wir ihn getauft – abgeholt, der uns im Garten oft alleine ließ. Er trug Zivil, vielleicht war er der Gärtner. Auf einem mit Platten ausgelegten Weg konnten wir auf- und abgehen und die Rosen bewundern. Jedes Mal, wenn wir in den Garten kamen, blühten wieder andere; ihre Pracht war durch die Hitze schnell vergänglich. Am schönsten war der Apfelbaum; die Äpfel begannen gerade reif zu werden. Lucie kannte Äpfel und Birnen nicht. Wir aßen so viel wir konnten, steckten viele in unseren Ausschnitt und nahmen die Hände voll mit auf die Zelle.

Lucie und ich reichten uns die Früchte gegenseitig, Mister Gardin schüttelte sogar einige vom Baum herunter. Neben der Bank war ein Wasserhahn, dort kühlten und wuschen wir unsere Füße. Die Bank war von der Sonne oft so heiß, dass wir uns nicht darauf setzen konnten. Einige Male spielten wir mit einem Apfel auch Ball über eine elektrische Leitung hinweg und amüsierten uns dabei köstlich. Das Gelände war von einer vier Meter hohen Mauer umgeben. An einer Ecke befand sich ein Aussichtsturm mit Posten – die pfiffen uns meist etwas vor oder machten große Augen.

Wenn die beiden bulgarischen Gefangenen gerade in der Nähe arbeiteten oder das Gras schnitten, kamen sie manchmal zu uns und brachten uns reife Birnen, die sie gepflückt hatten. Wir erfuhren, dass beide zu fünf Jahren Zuchthaus verurteilt worden waren, wegen Wirtschaftsvergehens in Betrieben. Verständigen konnten wir uns nicht, aber durch Mister Gardin wussten sie, aus welchem Land wir kamen und warum die Deutschen immer wieder in diesem Zuchthaus saßen. Einer der beiden Gefangenen war sehr abgemagert, sein Haare waren fast ausgegangen, sie mussten über Jahre keine Luft und wenig Licht bekommen haben. Seine Hosen schlackerten, und beim Volleyballspiel wurde er oft ausgelacht, weil er

den Ball nicht halten konnte. Der andere war fast glatzköp-
fig, groß und kräftig; oft blinzelten wir uns einander zu.
Ein gut aussehender schwarzhaariger Gefangener, etwas älter als die anderen beiden – sie waren wohl 55 Jahre alt –, erhielt
eines Tages Besuch von seiner Tochter und seiner Frau, die, wie
sich herausstellte, schwanger war. Das Familiendrama spielte
sich auf einer Bank vor unserem Fenster ab, ein Posten war nicht
in der Nähe. Als sich Frau und Tochter von dem Gefangenen
verabschiedeten, mussten Lucie und ich mitheulen. Einmal hatte ihm ein Posten während der Arbeit einen Brief überreicht. Er
setzte sich auf den Rasen, um ihn zu lesen. Niemand sagte etwas dagegen. Diese bulgarischen Gefangenen genossen wirklich große Freiheiten – wie lange sie wohl noch in Haft blieben?
Dass wir einmal in der Woche duschen konnten, erfuhr ich
erst später. Unsere schmutzige Wäsche nahmen wir gleich mit
in den Keller, zu schnell schwitzten wir alles durch. Ich trug im
Gefängnis meinen bunten, weiten Rock und eine weiße Nyltestbluse. Eine Bluse konnte ich wechseln, etwas Wäsche hatte ich
mir aus meinem Koffer nehmen können. Anfangs hatte ich den
Kragen meiner Nyltestbluse noch in der Zelle mit meiner Zahn-
bürste gescheuert, das Wasser und die Seife in einer Kaffeetas-
se. Den Inhalt hatte ich zum Zellenfenster hinausgeschüttet.
Eines Tages kamen Lucie und ich auf die Idee, uns gegenseitig Lieder beizubringen. Lucie sang jeden Morgen ihre monotonen, traurigen Heimatlieder, an deren Ende sie zu schluch-
zen begann. Wie der Text übersetzt lautete, konnte ich nie
erfahren. »Pendscherenden küt ütsch tu …« – ich sang mehrere Strophen mit, die Melodie war ja immer die gleiche.
Leichter fiel mir dagegen das Lernen der französischen Lieder. Neben der französischen Nationalhymne sangen wir auch
dieses Liebeslied, das Lucie noch aus ihrer Schulzeit kannte:

Je t'ai promis
une chanson
pour te dire
mon amour
car en amour
les mots toujours
seront les même.

Das Lied heißt sinngemäß auf Deutsch: Ich habe dir ein Lied versprochen, um dir meine Liebe auszudrücken, aber in der Liebe werden die Worte immer die gleichen sein.

Lucie brachte ich dieses deutsche Kinderlied bei:

Kommt ein Vogel geflogen,
setzt sich nieder auf mein' Fuß,
hat ein' Zettel im Schnabel,
von der Mutter einen Gruß.

Lucie sang den Text mit, auch ohne den Sinn des Liedes zu verstehen. Diese und andere Weisen gaben wir jeden Morgen lauthals mehrere Male hintereinander zum Besten. Danach fühlten wir uns leichter. Öfter schlugen die Posten gegen die Tür, denn lautes Singen war verboten.

Die Spione an den Zellentüren des Sofiaer Gefängnisses hatten einen Vorteil für uns: Sie waren so konstruiert, dass wir ein wenig hindurchsehen konnten. In der Klappe vor dem größeren Loch befand sich ein zwei Millimeter kleines Löchlein, das ständig geöffnet war. So erkannten wir flüchtig die Menschen, die an unserer Zelle vorbeiliefen.

Einmal meinte ich Max erkannt zu haben, der mit besonders festen Schritten zum Waschraum lief. Hörte Lucie ähnliche Schritte, rief sie gleich »Max« und wir fingen an zu singen.

Eingehender konnte ich die Zelle gegenüber beobachten. Von Lucie erfuhr ich, dass dort Maria eingesperrt sei, die zu ihrer Reisegruppe gehört hatte. Sie war dick, wesentlich älter als wir und hatte einen langen schwarzen Zopf. Von dem Posten hatte Lucie erfahren, dass Maria den ganzen Tag weinte und betete.

»Wenn Allah ihr nicht hilft, durch die Gitter zu entfliehen«, so meinte Mister Tablonett, »was nützt ihr dann das Beten?«

Er brachte mir eines Tages ein Glas mit fast verwelkten Gladiolen. Einzelne Blüten waren noch frisch, dazwischen steckte Farnkraut. Offenbar war jemand aus der Nachbarzelle entlassen worden, und Mister Tablonett wollte mir damit eine Freude bereiten. Als die Gladiolen verblüht waren, pflückten wir während des Ausgangs Löwenmäulchen und andere

Blumen, die ich in der Zelle abzuzeichnen begann. Einmal brachte ich aus dem Garten eine weiße Lindenblüte mit. Abends überredete Lucie Mister Tablonett, er möge sie Max bringen. Ob er das getan hat? – Mit solchen Geschichten konnten wir uns in jedem Falle die Zeit während der Haft vertreiben, wir lebten von den kleinen Ereignissen.

Von dem Geld, das ich noch in den Effekten hatte, habe ich mir beim Einkauf immer Tomaten, Aprikosen und saftige Pfirsiche, auch pfundweise Weintrauben mitbringen lassen.

Als wir wieder einmal von unserem Ausgang zurückkamen, begegneten wir auf dem Flur dem Chef. Er sagte mir wieder etwas Nettes und kündigte dann an, dass wir bald nach Deutschland zurückfliegen würden. An Abschied mochte ich jedoch gar nicht denken, und die Tränen schossen mir aus den Augen. Eine halbe Stunde später ließ mir der Chef durch den Posten ein Paket Watte bringen. Er hatte mich bis dahin noch nie weinen gesehen.

Lucie und ich wurden immer übermütiger. Wir wickelten einen Apfel in viel Zeitungspapier ein, stellten uns auf die Betten und spielten in der Zelle Volleyball. Vom lauten Singen brachte uns ebenfalls niemand ab.

Eines Nachts machte Lucie Theater, sie hatte abends zu viel Kohl gegessen und Magenschmerzen bekommen. Sie stöhnte und wälzte sich im Bett, verlangte nach dem Arzt, der nachts aber nicht zu sprechen war. Der Posten sollte ihr Natron bringen. Da er das nicht fand, kam er mit zwei verschiedenen Medikamenten zurück. Ich konnte die bulgarischen Verpackungsangaben nicht entziffern, musste aber entscheiden, welches Medikament sie nehmen sollte und wie viel davon.

Der Brief

Als ich am ersten Tag meiner Haft im Sofiaer Gefängnis etwas Wäsche aus meinem Koffer holen durfte, hatte ich zwischen Bluse und Unterhemden auch einen Bogen Briefpapier in die Zelle geschmuggelt, dazu einen Umschlag und einen Bleistift. Nachmittags saß ich oft in der linken Zellenecke, die der Posten durch den Spion nicht genau einsehen konnte, und hielt alle Erlebnisse unserer Bulgarientour mit winzigen Buchstaben fest; der Text war nur mit einer Lupe lesbar. Manchmal schrieb ich auch während der Mittagsruhe unter meiner Bettdecke. Den Brief adressierte ich an eine Freundin, die meine Eltern benachrichtigen sollte. Während des Rückflugs nach Berlin wollte ich ihn einem Passagier zustecken.

Ich suchte ein Versteck, damit er bei einer möglichen Zellendurchsuchung während unseres Ausgangs nicht gefunden werden konnte. An meinem weiten Rock, den ich jeden Tag trug, trennte ich den Saum etwas auf und schob das Papier hinein. Dazu steckte ich einige Fotos meiner Eltern, damit ich sie auch später im DDR-Gefängnis bei mir hatte. Außerdem schob ich einen kleinen Zettel in meinen Büstenhalter, auf den ich notiert hatte:

»Würden Sie den Brief bitte in den Kasten werfen?«

Etwa drei Tage später wurde ich zum Chef gerufen. Er sagte mir auf den Kopf zu:

»Sie tragen etwas Verbotenes bei sich.«

Ich stritt ab. Er ging hinaus und zwei junge Frauen kamen herein. Sie gaben mir zu verstehen, dass ich mich ausziehen sollte. Da zeigte ich ihnen gleich, wo der Brief steckte. Das genügte ihnen jedoch nicht. Ich musste meine Kleider ablegen, und sie tasteten Bund und Saum meines Rockes ab. Den Büstenhalter behielt ich an, weil ich nicht wollte, dass die Frauen den Zettel auch noch fanden. Umsonst, auch er musste fallen. Sie waren höflich, obwohl wir uns nicht verständigen konnten. Doch dieses Ereignis hatte mich sehr aufgeregt.

Der Chef fragte mich anschließend, warum ich das getan hätte. Die Bilder könnte ich behalten, bestimmt auch in der

DDR. Schreiben dürfte ich auch so viel ich wollte, nur nichts abschicken. Er behielt alle Aufzeichnungen und fertigte darüber ein Protokoll an. Nach meiner Entlassung erhielt ich alles wieder zurück.

Zum Glück hatte ich mich im Brief nur positiv über die Behandlung im Zuchthaus geäußert. Wieder in meiner Zelle, versuchte ich mich durch Lesen abzulenken. Lucie sagte zunächst nichts. Ob sie dem Chef etwas erzählt hatte? Denn plötzlich schrieb sie auch Briefe. Eines Morgens um 4 Uhr fing sie an zu schreien, weckte mich und weinte. Ihre Aufzeichnungen hätte sie in ein Buch gelegt und nun könnte sie diese nicht mehr finden. Vielleicht hatten die Posten bei einer Zellendurchsuchung während unseres Ausgangs die Briefe entdeckt und beseitigt. Allerdings sagte danach niemand etwas zu ihr. Als ich Lucie frage, ob sie jemandem etwas von meinem Brief erzählt hätte, war sie empört. Ich glaubte ihr auch, wir konnten uns aufeinander verlassen.

Sie gab mir ihre Adresse; wenn wir frei waren, wollten wir uns schreiben. Sie meinte:

»Ich suche dir in Syrien einen Bräutigam. Er kommt in die DDR und heiratet dich provisorisch. In Syrien könnt ihr euch wieder scheiden lassen und du fliegst nach Westdeutschland.«

Nach meiner Freilassung schrieb ich ihr mehrere Briefe nach Aleppo in Syrien, bekam aber keine Antwort. Vielleicht war sie doch, wie sie einmal erwähnt hatte, nach Australien ausgewandert. Vielleicht ließen die Behörden aber auch meine Post nicht zu ihr.

Schatten an der Wand

Eines Tages sollte unser fideles Gefängnisleben ein Ende haben. Der Chef forderte mich auf, meine Sachen zu packen und umzuziehen. Waren wir zu übermütig gewesen? Doch es ging um Maria aus der Zelle gegenüber. Sie war allein zu traurig und weinte nur; jetzt sollte sie mit Lucie zusammenziehen.

Ich allein – das war eine Umstellung. Dazu kam die Angst vor Mister Tablonett, wenn er nachts einmal Dienst hatte. In der neuen Zelle stand ein Tisch vor dem Fenster, das ich öffnen konnte. Davor waren eiserne Stangen und ein Drahtgeflecht angebracht, wie um eine Kükenbucht herum.

Als ich wieder einmal traurig am Tisch saß, sagte Mister Tablonett, der mir hin und wieder ein Stück Melone oder etwas Marmelade brachte, ich solle einen Brief nach Hause schreiben. Ein Bekannter könnte ihn seinem Freund auf dem Flughafen überbringen, der in einigen Tagen nach Berlin fliegen und den Brief dort einwerfen würde. Wollte er mich damit trösten, beruhigen oder aufmuntern? Ich glaubte fest daran, dass es klappen würde. Immer wieder meinte er: »Nichts dem Chef sagen.«

Ich schrieb den Brief, aber er kam nie an.

In der Einzelzelle las ich viele grausige Bücher über Konzentrationslager, malte, baute Schiffchen aus Silberpapier und schlief oft. Abends rauschten die Büsche vor meinem Fenster, die Schatten fielen auf eine Wand. Das Auf- und Abwogen und das Rauschen der Büsche erinnerte mich an die bewegte Ostsee in meiner Heimat. Sobald abends das Licht gelöscht wurde, machte ich auf dem Bett Gymnastikübungen; müde war ich nie.

Unter die Haut gingen mir die gellenden Schreie bei einer nächtlichen Vernehmung. Diese tierischen Laute werde ich nie vergessen. Mich packte das Grauen und ich fragte mich, wie Menschen so gequält werden konnten. Ich hörte das Tippen der Schreibmaschine, manchmal klatschten Peitschenhiebe, dann folgte Stöhnen. Der bulgarische Gefangene brüllte öfter »ne, ne, ne, ne« – mehr konnte ich nicht verstehen. Zehn Tage und viele Nächte dauerten die Vernehmungen. Ich fragte den Posten, ob der Gefangene psychisch krank oder ob er aus politischen Gründen inhaftiert sei. Letzteres bejahte er. Mir schien, als ob der Gefangene besonders laut brüllte, damit ihn alle bulgarischen Gefangenen hören sollten. Später las ich im Rostocker Gefängnis in der Zeitung von einem Todesurteil in Sofia und dachte an ihn.

Wenn das Essen oder die Besen zum Fegen der Zelle ausgeteilt wurden, sah ich durch den kleinen Spion an meiner Tür einen großen, sehr schlanken jungen Mann aus der gegenüberliegenden Zelle herauskommen. Er wirkte immer ernst und lächelte nie. Statt eines Bettes hatte er nur ein Lager auf dem Boden in der Ecke. Aus welchem Land er wohl stammen mochte? Später kam ein weiterer Mann dazu, offenbar sein Kumpel.

Nach einem Tag fragte mich der Chef, ob ich eine deutsche Zellengefährtin haben wollte. Er fügte hinzu, dass es manchmal besser sei, alleine zu sein.

Die Frau aus Merseburg, etwa 50 Jahre alt, saß den ganzen Tag über teilnahmslos auf ihrem Stuhl und stöhnte. Lesen konnte oder wollte sie nicht, und sie hatte große Angst vor allem, was uns erwartete. Sie hatte in Nessebar ihren Urlaub verbracht und sich in Richtung Burgas abgesetzt. Von dort aus wollte sie in die Türkei. Einem Motorradfahrer hatte sie ihre Uhr gegeben, damit er sie zur Grenze brachte. Im Wald wurden beide gefangen genommen.

Meine neue Zellengenossin wirkte einfältig. Sie war ihrem Mann davongelaufen, die Arbeit am Fließband hatte ihr nicht gefallen, ihre kleine Wohnung auch nicht und Freunde besaß sie nicht; nun wollte sie zu ihren Verwandten im Westen.

Da die Frau das »Neue Deutschland« mitgebracht hatte, kam ich auf die Idee, die Zeitung dem Mann in der Zelle gegenüber so zu präsentieren, dass er das Wort »Deutschland« lesen konnte. Auf diese Weise wollte ich herausfinden, ob er ebenfalls Deutscher war.

Morgens, als wir die Zelle fegten, stellte ich die Zeitung vor die aufgestapelten Bücher. Das klappte: Wie vermutet, stand der Mann vor seinem Spion, wenn unsere Tür geöffnet wurde. Als er das Frühstück in Empfang nahm, winkte er herüber,

warf uns Kusshände zu und strahlte. Er und sein Kumpel
waren ebenfalls Deutsche, sicher saßen sie auch wegen eines
Fluchtversuchs im Gefängnis.

Ich wusste, dass mich Lucie an meinen Gang auf dem Flur
erkannte. Kam ich an ihrer Zellentür vorbei, lief ich immer
besonders langsam. Dann machte sie jedes Mal einen Höllen-
lärm und rief laut meinen Namen. Die Posten bemerkten das
und verboten mir auf Bulgarisch, so langsam zu laufen. Von
Max sah und hörte ich nichts.

Vier Frauen hinter Gittern

Lucie hatte auf ihren Vernehmer so lange eingeredet, dass wir zwei Tage später wieder zusammenkamen. Wir zogen in ein riesiges Zimmer im Erdgeschoss zum Garten hin, nun zu viert, Maria aus Syrien war auch dabei. Schauten wir aus dem Fenster, konnten wir einen Apfelbaum und einige Nussbäume sehen, auch das Ausgangstor des Zuchthauses hatten wir im Blick. Das Zimmer war so geräumig, dass wir nach der Musik, die über den Lautsprecher übertragen wurde, tanzen konnten.

Einen Spion hatte die Zellentür nicht, wir konnten nur durch das Schlüsselloch blicken. Gegenüber unserer Zelle lag die Toilette. Meist kniete Maria vor dem Schlüsselloch, sie hoffte, ihren Mann auf dem Gang zu entdecken. Als Mutter von acht Kindern war Maria sehr kompakt. Wenn sie vor der Tür kniete, zog Lucie sie manchmal nach hinten, dann fiel sie auf den Boden und lag unbeholfen da. Das sah sehr komisch aus. Die Frau aus Merseburg liebte am meisten das »Blinde-Kuh-Spiel«. Sie ließ sich von uns die Augen verbinden und suchte Lucie im Raum; dabei hatten beide riesigen Spaß. Abends spielten wir zu dritt Karten. Die Merseburgerin mochte sich das Kartenspiel nicht zeigen lassen, vielleicht hatte sie Angst, es nicht zu verstehen.

Bald hatte Maria herausgefunden, dass ihr Mann eine Etage über uns saß. Um sich mit ihm zu verständigen, sang sie ihre monotonen Lieder und veränderte dabei den Text. Einmal antwortete er zu laut, sodass mehrere Posten vor unserem Fenster zusammenliefen. Jeden Morgen, Mittag und Abend setzte sich Maria mit einem Frottiertuch auf dem Kopf auf das Bett, ihre kleine Bibel aus Jerusalem vor sich und begann zu beten, vollkommen in sich versunken. Ihre langen schwarzen Haare wallten bis an die Taille.

Auf ihrem Arm entdeckte ich einige gestempelte Bilder, sie stellten Engelsköpfe dar. Als ich sie danach fragte, sagte sie in gebrochenem Französisch, dass sie mit ihrer Familie und tausenden Menschen bei der Osterprozession in Jerusalem gewesen sei. Dort hatte sie gegen Bargeld die Stempel auf den Arm bekommen, sie sahen aus wie tätowiert. Maria erklärte mir auch einige Bilder in ihrer Bibel, es waren Kupferstiche.

Wenn nachts unsere gemeinsame Prozession zur Toilette stattfand – zuvor mussten wir uns anziehen und an die Zellentür klopfen –, ging Maria in ihrem langen weißen Nachthemd, die Haare offen wie ein Geist, hinter uns her; oft brachen wir dabei in lautes Gelächter aus. Hatten wir Ausgang, warfen wir von draußen die Äpfel direkt durchs Gitter in unser Zimmer. Danach sah es bunt darin aus. Wenn andere Gefangene Ausgang hatten, mussten wir die Mattglasfenster schließen.

Während der Mittagsruhe öffnete Lucie einmal das Fenster und schaute hinaus. Ich lag im Schlafanzug im Bett und schlief. Plötzlich schrie Lucie laut:

»Max!«

Ich sah hinaus – und wirklich, er saß allein auf einem Stuhl unter dem Apfelbaum. Wir verständigten uns kurz mit Handzeichen. Er machte mir klar, dass er sich alleine in der Zelle befand. Plötzlich kam Mister Gardin und schlug riesigen Krach. Bis er in unserem Zimmer erschien, lag ich aber längst wieder im Bett und stellte mich schlafend. Sein Geschrei rieselte auf Lucie herab, die als Frechste von uns Vieren galt.

Mein Stammplatz zum Lesen war das Fensterbrett. Zum Sonnen schmierte ich mich mit dem fetten Öl von der Mittagssuppe ein. Nach vier Wochen im Sofiaer Gefängnis sah ich aus wie frisch erholt aus dem Urlaub. Um mir beim Sonnen die Zeit zu vertreiben, zog ich mir aus getrockneten Melonenkernen, die ich gesammelt hatte, eine Kette auf. Als Garn nutzte ich aus einem Handtuch gezogene Fäden. Da wir nur eine Nähnadel hatten, die nicht brechen durfte, musste ich jedes Loch mit einer Sicherheitsnadel vorstechen.

Wurden wir vier Frauen in den Waschraum im Keller eingeschlossen, führte das zu einem furchtbaren Gewühl: duschen, Haare waschen, Wäsche reinigen. Meinen bunten Rock legte ich gleich auf den Fußboden und scheuerte ihn dort mit einer großen Bürste. Manchmal konnten wir die Wäsche auch im Garten aufhängen.

Für einige Tage kam ein Maler ins Zuchthaus, der ein paar Zimmer zum Garten hin anstrich. Er war Musikstudent und stammte aus Berlin. Mit großartiger Stimme sang er Melodien aus dem »Bajazzo« und anderen Opern, er klang tatsächlich wie ein Opernsänger. Waren wir im Ausgang, schmetterte er die Lieder besonders laut.

Als Lucie und ich in der Zelle wieder einmal unsere Lieder anstimmten, antwortete er von draußen:

»Lasst uns singen, tanzen und springen, Student aus Berlin.«

Flug nach Berlin

Am 15. August 1963, vier Wochen nach meiner Einweisung in das Sofiaer Gefängnis, wurde mir mitgeteilt, dass ich am nächsten Tag zusammen mit der Frau aus Merseburg zurück in die DDR fliegen werde. Ein Posten brachte unsere Koffer in die Zelle.

Abends wurde ich zum Chef gerufen. In seinem Zimmer saßen vier deutsche Stasi-Männer, die bestens über mich und meine Arbeitsstelle Bescheid wussten und gemeine Dinge zu mir sagten. Sie redeten mir ins Gewissen und machten mir Vorwürfe:

»Was denken Sie, wie sich Ihre Eltern gesorgt haben?«

Der Chef äußerte sich nicht dazu; ich konnte ihm aber ansehen, dass ihm der Umgangston dieser Männer missfiel.

Am nächsten Morgen frühstückten wir vier nochmals gemeinsam. Lucie kämpfte mit den Tränen. Zum letzten Mal sonnte ich mich auf dem Fensterbrett, aus dem Lautsprecher erklang die »Träumerei« von Schumann.

Plötzlich ging die Tür auf, einige Männer stürmten herein und brüllten »Dawai, dawai«. Ich umarmte Lucie und Maria kurz zum Abschied, und schon ging es ab. Mein Gepäck war schwer, im Koffer befanden sich unter anderem Steine mit Quarz und Glimmer aus dem Rhodopengebirge.

Auf dem Hof stand ein kleiner Bus, auf jeder Bank saß eine Person. Meine Zellengefährtin und ich kamen als Letzte in den Bus, wir waren die einzigen Frauen. Hinter mir saß Max. Im Bus waren etwa 14 junge Männer, sicherlich Studenten, einer trug sogar ein FDJ-Hemd.

Bis zur Abfahrt mussten wir noch einige Minuten warten. Die arbeitenden bulgarischen Gefangenen liefen geschäftig mit Eimer und Besen an unserem Bus vorbei, um sich von uns zu verabschieden. Sie verzogen den Mundwinkel, hoben einen Finger oder zwinkerten mit den Augen.

Der Abschied aus meinem geliebten Bulgarien fiel mir schwer. Als wir zum Tor hinausfuhren, drehte ich mich noch einmal um und erkannte Lucie auf der Fensterbank. Sie winkte so

stürmisch, dass der mitfahrende Posten mich ansah und
»Lucie« sagte. Einige Sekunden später fuhr unser Bus schon
auf der Straße, für Traurigkeit blieb keine Zeit.

Am Flughafen konnten wir das restliche Taschengeld aus-
geben. Der Chef und die Stasi-Leute waren im Personenwagen hinter uns hergefahren. Sie liefen mit je einem Gefangenen an der Seite in das Flughafengebäude zum Verkaufsstand.
Ich kaufte zwei paar Handschuhe und große Tafel Schokolade. Auf einer Bank mussten wir warten, neben mir saß ein
junger Mann, der mich ängstlich fragte:
»Wie viele Jahre uns wohl erwarten?«

Als alle ihr Geld losgeworden waren, fuhr der Bus bis zur
Piste, wo uns eine deutsche IL-14-Militärmaschine erwartete. Bis zur Gangway hatten wir einige Schritte zu gehen. Der
Chef nahm mir meinen Koffer ab und trug ihn bis zum Flugzeug. Ich verabschiedete mich von ihm und bedankte mich
laut für die gute Aufnahme und Behandlung.

Ich schleppte den Koffer die Gangway hinauf. Mir wurde
ein Platz ganz vorn im Flugzeug zugewiesen, hinter einem
kleinen Tisch – der einzige Platz mit gegenüberliegenden
Sitzen. Dorthin setzten sich die vier deutschen Männer, von
dort aus konnten sie das Flugzeug gut übersehen. Ich durfte mich dagegen nicht umblicken. Wandte ich nur meinen
Kopf etwas zur Seite, brüllten sie mich an, dass dies verboten sei.

Obwohl ich unter Beobachtung stand, nahm ich mir vor,
den Flug zu genießen. Wann würde ich wieder so ein einzigar-
tiges Panorama vom Himmel aus sehen können? Herrlich die
riesigen Flussläufe, die hohen Bergketten der Karpaten, das
Parlament in Budapest und die Margaretheninsel. Das alles
huschte an mir vorbei wie in einem Traum, minutenlang fühlte
ich mich frei.

Beutel mit belegten Broten und Selterflaschen wurden ausgeteilt. Die Stasi-Leute hatten heftigen Nachdurst, offenbar
hatten sie den Abend zuvor in Sofia zum Feiern genutzt. Mit
dem Schlafen wechselten sie sich ab. Ich ärgerte mich darüber,
dass ich als Einzige an ihrem Tisch sitzen und in ihre feisten
Gesichter sehen musste. Ob ich zur Toilette gehen konnte,
mochte ich sie nicht fragen, obwohl ich seit 9 Uhr morgens

meine Blase spürte. Gegen 18 Uhr flogen wir über die unzähligen Seen in der Umgebung von Berlin. Kurz vor der Landung bat ich darum, zur Toilette gehen zu dürfen. Das lehn-
ten meine Bewacher aber energisch ab:
»Das hätten Sie vorher sagen sollen.«
Schlagartig wurde mir bei dieser Antwort meine Situation
wieder bewusst. Nach der Landung in Berlin-Schönefeld holte uns ein kleiner Autobus vom Flugzeug ab. Wir fuhren durch
Adlershof in die Innenstadt hinein, in das Gefängnis in der
Barnimstraße. Während der langen Fahrt hatte ich mit größten Blasenschmerzen zu kämpfen.

Dann bogen wir in eine Seitenstraße. Ein schweres Tor
wurde geöffnet. Auf dem Hof sah ich unzählig viele vergitter-
te Fenster. Da ich vorn saß, stieg ich zuerst aus. Meine Bitte,
auf die Toilette zu gehen, wurde wieder abgelehnt. Vielleicht
befürchteten die Stasi-Leute, dass ich etwas Unerlaubtes ver-
nichten könnte.

Jetzt hieß es Koffer auf den Flur stellen und in ein kleines
Zimmer gehen zur Leibesvisitation. Eine dicke Frau im blauen
Kleid nahm mir Ring und Uhr ab. Mit Stricknadeln stocherte
sie in meinen Haaren herum, zog mich aus und befahl mir,
meine Pobacken auseinanderzuziehen, damit sie hineinsehen
könne. Das fand ich besonders niederträchtig.

Als ich das überstanden hatte, begleitete mich ein Posten
eine mit Draht umgebene Wendeltreppe hinauf. Endlos lange
Gänge folgten. Wieder brachte ich meine Bitte vor, aber auch
er reagierte nicht und sperrte mich in eine Zelle. Dort bestürmte
ich sofort das einzige Möbelstück, den Kübel – eine Wohltat
nach zehn Stunden. Auf der Fensterseite – das Fenster war
blickdicht – befand sich eine erhöhte Holzstellage. Darauf lag
eine Matratze, auf der zwei Personen Platz fanden.

An der Wand hing die Zellenordnung: von 6 bis 22 Uhr aufrecht sitzen, ohne sich hinzulegen oder sich anzulehnen. Dieses Gefängnis muss für Schwerstverbrecher sein, dachte ich.
Da ahnte ich noch nicht, dass für alle Stasi-Untersuchungs-
gefängnisse die gleiche Zellenordnung galt. Vom Innenhof
drang Hundegebell hinauf.

»*Eine Reise ins Glück*«

Nach einer halben Stunde holte mich ein Posten aus der Zelle und führte mich hinunter. Vor dem Gebäude stand eine kleine »Grüne Minna«, das Polizeiauto. Vorn saßen zwei Männer, der Fahrer und ein Sanitäter. Dahinter waren nebeneinander zwei Gitterkästen mit einer durchgehenden Sitzbank eingelassen. Durch eine schmale Holztür kroch ich in den Kasten. Darin blieb gerade so viel Platz, dass ich aufrecht und mit angezogenen Beinen sitzen konnte. Vor dem Kasten war ein Vorhang angebracht. Im Nebenkasten vermutete ich Max. Nachdem der Sanitäter gefragt hatte, ob das Blutdruckgerät im Wagen sei, ging die Fahrt los.

Nun saß ich im Dunkeln darin und kam mir vor wie eine Gans, die gemästet werden sollte. In die Tür waren oben drei Luftlöcher gebohrt, davor hing ein Vorhang. Ich konnte nichts von der Gegend sehen, wusste nicht, wohin wir fuhren.

Der Wagen ratterte und stuckerte so sehr, dass ich bei Kurven in die Ecken der Kiste flog. Da ich meine Sitzhaltung nicht ändern konnte, fing mein Kreuz bald an zu schmerzen. Ich zog meine Strickjacke aus und stopfte sie mir hinter den Rücken, schloss die Augen und dämmerte stundenlang vor mich hin. Wie Menschen auf diese Weise transportiert werden konnten, war mir unbegreiflich, keinem Tier hätte ich das zugemutet. Die Strecke schien mir unendlich weit, und die Fahrt dauerte unsagbar lang.

Plötzlich hielt das Auto, die Klappe des Kastens wurde etwas geöffnet, um Luft hereinzulassen. Der Sanitäter fragte mich, ob ich austreten müsste. Ja, ich musste, aber da ich mich nicht vor ihm an den Baum hocken wollte, sagte ich nein. Die beiden Männer stiegen aus, stellten sich neben den Wagen und begannen zu essen und zu trinken. Nebenan bewegte sich Max so heftig, dass der gesamte Wagen wackelte, ich antwortete ebenso. Das war die einzige Möglichkeit, uns durch die Kästen zu verständigen.

Die Fahrt ging weiter, bis wir vor einer Schranke hielten. Der Fahrer hatte das Radio angestellt, die Ansagerin kündigte gerade den neuen Programmpunkt an:

»Sie hören jetzt die Sendung ›Eine Reise ins Glück‹.«
Dieser »Kommentar« brachte mich zum Schmunzeln.
Endlich sagte vorn einer zum anderen:
»Hier in Malchin muss man immer so lange warten.«
Nun wusste ich, dass wir schon in Mecklenburg waren. Ständig musste ich an das riesige gelbe Zuchthaus in Bützow denken, daran war ich schon einmal vorbeigefahren.

Mehrere Male fragte mich der Sanitäter, ob ich Luft brauche und öffnete vor mir etwas die Tür. Deshalb also das Blutdruckgerät – in diesem Kasten konnte der Kreislauf wirklich zusammenbrechen.

Inzwischen war es dunkel geworden. Nach etwa fünf Stunden Fahrt kamen wir an. Ich hörte, wie draußen schwere Türen geöffnet wurden, dann hielt der Transporter. Als ich herausgeholt wurde, sah ich, dass wir direkt in ein Gebäude gefahren waren. Ich konnte nicht erkennen, wo wir waren. Im Erdgeschoss des Gebäudes wurde ich in eine winzige Aufnahmezelle gesperrt, in der nur ein Hocker stand.

Nach einiger Zeit erschien ein Wachposten, der mich in die erste Etage führte. Dort gingen wir einen langen Gang mit vielen Zellentüren entlang, dazwischen mussten mehrere Gittertüren aufgeschlossen werden. Da in der Mitte des Ganges nur Draht gespannt war, konnte ich ins Erdgeschoss sehen. Dort war alles genauso angeordnet. Auf jeder Etage wandelte ein Posten, sonst sah ich nichts als öde, graue Türen mit Schotten, eine an der anderen. Schließlich wurde eine aufgeschottet und ich ging hinein. Der Posten befahl:
»Alles ausziehen!«

Er reichte mir ein Männerhemd, lange Unterhose und Trainingsanzug, graue Wollsocken und Pantoffeln; meine eigenen Sachen musste ich abgeben.

Inzwischen war es wohl Mitternacht geworden. Der Sanitäter, der uns aus Berlin abgeholt hatte, kam nochmals in meine Zelle und fragte mich, ob ich noch Hunger hätte. Er brachte mir Schwarzbrot und Margarine in einer Blechschüssel mit einem Blechlöffelstiel und einen braunen Blechbecher Kaffee.

In Einzelhaft

Jetzt saß ich auf meiner Holzpritsche in der grauen, kalten Zelle. Wohl noch nie hatte ich mich so allein gefühlt, ich bekam Angst in der trostlosen Umgebung. In welcher Stadt ich wohl war? Ich fror und legte mich im Trainingsanzug ins Bett. Das Licht blieb eingeschaltet, damit der Wachposten mich beobachten konnte. Das war bei Neuankömmlingen so üblich, wie ich später erfuhr. Einschlafen konnte ich nicht, da ich die Decke nicht wie gewohnt über mein Ohr ziehen durfte – der Kopf musste während des Schlafens frei sichtbar bleiben.

Am nächsten Morgen schallte um 6 Uhr der Gong. Ich reagierte nicht darauf und blieb liegen – die Zellenordnung hatte ich noch nicht gesehen. Plötzlich stieß jemand mit dem Fuß gegen die Tür und brüllte:

»Aufstehen!«

Kurz danach wurde die Tür aufgeschottet, ein Posten befahl:

»Besen rein!«

Ich fegte die Zelle und knallte dabei mit dem Stiel wütend gegen die Wand. Wenigstens von dort bekam ich eine Antwort. Auf den Befehl »Besen raus!« musste ich den Besen vor die nächste Zellentür stellen. Sonst konnte ich keinen Laut hören, mit niemandem sprechen. Ich fühlte mich isoliert und kam mir vor wie in einer Gruft.

Von draußen drangen Tierstimmen herein, ich vermutete, dass sie von Vögeln oder Wassertieren stammten. Offenbar war das Gebäude von Wasser umgeben. Ich vermutete, dass ich im Zuchthaus von Bützow saß.

Gegen 7 Uhr hieß es:

»Schale rein!«

Vor der Zellentür stand ein Wagen mit Blechschalen, in denen dicke Scheiben Schwarzbrot lagen, ein Esslöffel und Marmelade daneben, dazu ein Blechtopf Kaffee. Dieses Frühstück erhielt ich jeden Morgen. Nach einigen Tagen streikte jedoch mein Magen und ich klagte beim Wachposten über Sodbrennen. Fortan bekam ich Feinbrot zu essen.

Im Laufe des Vormittags wurde ich dem Haftrichter vorgestellt. Er verkündete mir, dass ich wegen des Versuches, illegal die Grenze zu übertreten, verhaftet sei und begann mit der Vernehmung. Er fragte mich, ob ich wüsste, wo ich mich befände und teilte mir mit, dass ich in Rostock sei, in meiner Heimatstadt; das tröstete mich etwas, war ich jetzt doch in der Nähe meiner Eltern.

Bis Mittag zogen sich die Vernehmungen hin, das wiederholte sich mehrere Tage. Ständig kamen neue Vernehmer, jeder fragte mich etwas zu seinem Fachgebiet und gab meine Antworten zu Protokoll. Einer war für die Analyse meiner Persönlichkeit zuständig, andere erkundeten meine politische Einstellung. Unter anderem wollten sie herausfinden, ob und wie ich durch westliche Sender beeinflusst worden war.

Die Vernehmer hatten bereits meine Kaderakte eingesehen und sich auf meiner Arbeitsstelle in der Klinik nach mir erkundigt. Sie waren bestens über mich orientiert und wussten auch, dass ich in der Klinik gut gearbeitet hatte. Einmal sagte ein Vernehmer zu mir:

»Ich möchte Sie jetzt mal so knipsen, wie Sie im Trainingsanzug und in Pantoffeln auf dem Hocker in der Ecke sitzen und unter das Bild im Fotoalbum schreiben: Ende einer Urlaubsreise.«

Jedes Mal, wenn ich zur Vernehmung herausgerufen wurde, war ich froh – bedeutete dies doch eine kleine Abwechslung zu dem Dasein in meiner öden Zelle; ich kam in einen anderen Raum mit Möbeln und Gegenständen und konnte mit jemandem sprechen. Ansonsten wurde ich nur durch die drei Mahlzeiten am Tag abgelenkt. Vom Mittagessen hob ich mir im Zahnputzbecher oft noch Grütze oder Linsen auf und aß diese nachmittags mit dem Zahnbürstenstiel. Es beruhigte mich, den langen Nachmittag einmal unterbrechen zu können. In der restlichen Zeit sagte ich Gedichte auf, sang leise vor mich hin oder träumte von den Blumenwiesen und meinen Erlebnissen in Bulgarien. Wie abwechslungsreich schien mir dagegen das Gefängnisleben mit Lucie in Sofia.

Am ersten Tag wurde mir die Zellenordnung ausgehändigt. Was ich bereits im Gefängnis in der Berliner Barnimstraße gelesen hatte, fand ich hier wieder: Von 6 bis 22 Uhr hieß es sitzen, ohne die Wand zu berühren. Der Gefangene durfte sich weder anlehnen – das wäre zu bequem geworden – noch hinlegen. In der Zellenordnung stand auch, dass der Häftling, sobald die Tür geöffnet wird, aufspringen, die Hände auf den Rücken nehmen und sich mit dem Gesicht zum Fenster stellen sollte; umdrehen durfte sich der Gefangene erst, wenn der Posten »Achtung!« rief.

In dem Moment, als ich dies gerade gelesen hatte, kam der Sanitäter in die Zelle. Ich blieb auf meiner Holzpritsche sitzen, denn so ernst hatte ich die Zellenordnung nicht genommen. Vielleicht dachte ich auch, dass sie nur für Schwerstverbrecher galt, bei denen die Gefahr bestand, dass sie die Posten aus einer Haftpsychose heraus anfallen. Der Sanitäter fragte mich:

»Haben Sie die Zellenordnung nicht gelesen?«

Ich sagte »doch« und blieb auf der Pritsche sitzen, wusste nicht, was er wollte, bis er befahl: »Aufstehen!«

Nach einigen Tagen sagte ich dem Sanitäter, dass ich frieren würde; in Bulgarien wäre es so heiß gewesen, ich hätte schon Nierenschmerzen. Daraufhin ließ er mich jeden Nachmittag in den Sanitätsraum bringen. Dort sollte ich mich unter einen halbkreisförmigen, mit mehreren Glühbirnen versehenen Lichtkasten legen, mit dessen Hilfe mein Rücken gewärmt wurde. Dabei musste ich dulden, dass mir der Sanitäter öfter über den Rücken strich, um zu fühlen, ob mir nicht zu heiß würde.

Meine Zelle sah öde aus: zwei Holzpritschen mit Matratzen, die Toilette in der Ecke, eine Waschschale mit Blechkanne auf dem Fußboden; als Spiegel diente die Wasserfläche.

Viele Kilometer absolvierte ich jeden Tag zu Fuß in der Zelle. Fünf Schritte lief ich vorwärts und rückwärts zurück, damit ich keinen Drehwurm bekam. Als Gefangener, begriff ich, ist es wichtig, sich auf sich selbst zu besinnen, die eigenen Kenntnisse und Fähigkeiten wachzurufen. Ich lernte Gedichte, las und sang. Mit einer großen gebogenen Fischgräte, die ich im Essen gefunden hatte, malte ich Bilder auf meine Kernseife oder schrieb darauf französische Lieder und Vokabeln, die mir Lucie beigebracht hatte. Beim Waschen wurde alles wieder gelöscht. Ich versuchte, die Gedanken an all die Dinge,

Zelle für zwei Personen im Stasi-Untersuchungsgefängis in Rostock. Die Zelle war 7,5 m² groß und konnte nicht belüftet werden. Tageslicht drang nur durch Glasbausteine herein. Links vorn die freistehende Toilette.

die ich nicht konnte, den Groll über die eigene Lage und die Unruhe in mir niederzuhalten. Das Leben lernte ich immer dann besser zu verstehen, wenn ich es schaffte, mit dem Erlebnis der leeren Zelle fertig zu werden. Welch eine Freude war es für mich, wenn sich eine Fliege, ein lebendiges Wesen, in meine Zelle verirrte und ich sie beobachten konnte. Manchmal kratzte ich mir Steinchen aus den Zwischenräumen der di-

Ordnung für Zellen und Haftäume

1. Jeder Häftling hat die Haftraumordnung einzuhalten und Anordnungen des Aufsichtsdienstes zu befolgen.

2. Wird der Haftraum durch eine Angehörigen des Aufsichtsdienstes betreten, hat der Häftling sofort unter das Fenster zu treten, das Gesicht zum Fenster gewandt, die Hände auf dem Rücken und sich nur umzudrehen wenn er angesprochen wird.

3. Jeder Häftling ist verpflichtet, den Haftraum stets sauber zu halten und auch bei Entlassung denselben sauber zu verlassen. Einmal in der Woche ist der Haftraum gründlich zu reinigen. Die Lagerstätte ist nach dem Wecken in Ordnung zu bringen und darf während der Tagesstunden nur mit ärztlicher Liegeerlaubnis benutzt werden.

   Nachtruhe ist von 22.00 – 06.00 Uhr.

4. Häftlingen ist v e r b o t e n :

   a) in der Haftanstalt zu lärmen, laut zu singen oder anderen Unfug zu treiben,

   b) mit Häftlingen anderer Zellen durch Klopfen, Rufen, Pfeifen oder sonstige Zeichen in Verbindung zu treten oder schriftliche Mitteilungen zu übergeben,

   c) Wände, Türen, Fenster oder anderes Haftanstaltseigentum zu beschriften, zu beschmutzen oder zu beschädigen,

   d) Sitzgelegenheiten oder das Bett zu besteigen oder während der Nachtruhe Hände und Gesicht zu verdecken,

   e) an das Guckloch der Zellentür heranzutreten, die Sicht durch dasselbe zu behindern oder sich der Sicht zu entziehen,

   f) Schmutz, Speisereste usw. in das Klosettbecken oder aus dem Fenster zu werfen,

   g) mißbräuchlich die Rufanlage zu benutzen,

   h) im Haftraum Glücksspiele, Tauschhandel oder andere Geschäfte zu betreiben oder unerlaubte Gegenstände zu verwahren.

5. Von inhaftierten Personen vorsätzlich verursachte Schäden in Haftäumen oder am Inventar sind von denselben voll zu ersetzen, außerdem kann Bestrafung wegen Sachbeschädigung erfolgen.

6. Zuwiderhandlungen gegen vorstehende Haftraumordnung können durch Hausstrafen geahndet werden, soweit nicht Strafen durch das Strafgesetzbuch angedroht sind.

Die Anstaltsleitung

Die Zellenordnung für Stasi-Untersuchungshaftanstalten in der DDR.

cken, undurchsichtigen Glasplatten vorm Fenster und spielte damit auf der Fensterbank. Diese befand sich in Höhe meiner Schultern, ich konnte die Arme darauflegen und die Steine mit dem Fingernagel weiterhüpfen lassen. Aus der Einfassung der Schlafdecken zog ich Fäden und flocht daraus Zöpfe. In der Heizungsplatte befanden sich Löcher, in die ich Wollfussel steckte, von Loch zu Loch, um nicht zu vergessen, wie viele Tage ich schon in der Zelle saß. Trotzdem brachte ich die Wochentage durcheinander; als der Vernehmer mich danach fragte, sagte ich den falschen Tag.

Der Vernehmer hatte mir zwar die Erlaubnis zum Lesen gegeben, aber ein Buch erhielt ich nicht, auch nicht, als ich den Posten mehrmals danach fragte. Niemand hatte mir gesagt, dass die Bücher nur sonntags ausgeteilt wurden. Also verbrachte ich anfangs 16 Stunden am Tag ohne Beschäftigung.

Später fand ich im »Neuen Deutschland« ein Gedicht von Louis Fürnberg, es hieß »Einzelhaft«:

Meint ihr den Schrecken, sagt ihr: Einzelhaft!
Der Mensch allein und um ihn nur vier Wände.
Ach, wüsstet ihr, wie viel Millionen Brände
in ihnen lodern, wie viel Leidenschaft!
Vier schmale Wände hören meine Lieder
und werden, geh ich innerlichst befreit
die enge Zelle singend auf und nieder,
so überwunden und so weltenweit.
Kein Stein, kein Stahl kann meine Stimme dämpfen!
Die Mauer trägt die Welt zu mir herein.
Ich weiß, dass draußen meine Brüder kämpfen!
Doch niemals war ich weniger allein!

Das Gedicht riss ich aus der Zeitung heraus und steckte es meinem Vater, der mich einige Wochen später im Zuchthaus besuchte, heimlich beim Abschied in die Hosentasche.

Mein Vater hatte eine Besuchserlaubnis für eine halbe Stunde im Monat erhalten. Jedes Mal, wenn er kam, wurde ich in einen gesonderten Raum geführt, der von einem Posten bewacht wurde. Bis auf den Händedruck war körperlicher Kontakt im Besuchsraum nicht gestattet.

Manchmal hörte ich sonntags die Glocken der katholischen Kirche in Rostock läuten – das war beinahe das einzige Außengeräusch, das ich im Gefängnis vernahm. Zu dem Glockenspiel sang eine Frauenstimme an einem Fenster des Gefängnisses »Oh wie wohl ist mir am Abend, wenn zur Ruh die Glocken läuten«. Es war Renate, sie sollte ich später kennenlernen.

Wenn ich die Augen schloss, hatte ich das Gefühl, dass ich all dies nur träumte, dass ich aufstehen und aus der Zellentür gehen könnte. Öffnete ich die Augen wieder, war die grausame Wirklichkeit wieder da, ich musste mich damit abfinden und an etwas Schönes denken.

Nach dem Essen fiel es mir besonders schwer, aufrecht ohne Lehne auf der Pritsche zu sitzen. Abends hatte ich solche Kreuzschmerzen, dass ich die letzten Stunden vor dem Schlafengehen auf und abging. An den Zellentüren schlichen dann die Posten auf Pantoffeln vorbei, um die Gespräche der Gefangenen in den Zweierzellen zu belauschen. Meist hörte ich die Schleifgeräusche ihrer Pantoffeln; wenn ich Glück hatte, registrierte ich nur, wie sie den Spion nach dem Durchsehen wieder zuklickten.

Kamen abends neue Gefangene an, wurde das im ganzen Haus vernommen. Ich hörte, wie die Blechschalen klapperten oder wie sich die Wachposten etwas zuriefen.

Auch in der Nacht wurde keine Rücksicht genommen. Die Posten bekamen das kleinste Geräusch in den Zellen mit; wenn ich neben dem Spion auf der Toilette saß, schalteten sie das Licht ein. Die Wasserspülung verursachte schrecklichen Lärm; wenn Luft in der Leitung war, dröhnte diese laut durch die Anstalt. Die abgezählten Papierblättchen, die morgens beim Austeilen des Frühstücks hinter ein Rohr vor die Tür gesteckt wurden, reichten meist nur bis zum Mittag – davor hatte ich jedes Mal Angst. Manchmal wurde ich schon gegen 4 Uhr morgens vom Abrollen und Reißen des Papiers vor der Tür wach.

Da ich mehrere Decken hatte, kam ich auf die Idee, eine Decke einzurollen, halb zu knicken und mich beim Sitzen in der Gesäßgegend damit abzustützen. Besaß ich ein dickes Buch, so konnte ich damit, hochkant auf die Decke gestellt,

Blick über drei Etagen der Stasi-Untersuchungshaftanstalt in Rostock. Bis zu 110 Frauen und Männer konnten hier in 46 Zellen gleichzeitig verwahrt werden.

meinen Rücken entlasten. Mancher Posten bemerkte das und schlug Krach. Wie wohl erst ältere Gefangene mit den Bedingungen in der Zelle zurechtkamen? 16 Stunden aufrecht sitzen ...

Jeden Morgen kamen höhere Stasi-Posten und fragten mich, nachdem ich mich vor das Fenster mit den Händen auf dem Rücken gestellt hatte:

»Wünsche und Beschwerden?«

Etwa sechsmal wurde ich während der Untersuchungshaft vernommen. Einmal wurden Max und ich einander gegenübergestellt, Rücken gegen Rücken. Mit Blick zur Wand saßen wir jeweils in einer anderen Ecke, abwechselnd stellten uns die Vernehmer ihre Fragen. Max und ich hatten unterschiedliche Angaben zum Fluchtablauf gemacht. Jetzt wollten die Vernehmer herausfinden, zu welchem Zeitpunkt ich Max versichert hatte, bei der Flucht mitzumachen. Vor der Gegenüberstellung hatten mir die Posten verboten, mich umzublicken. Ich wollte Max aber durchaus sehen und drehte mich um. Erst auf der Anklagebank sollten wir uns wiedersehen.

Renate

Eines Tages sagte ich während einer Vernehmung:
»Wenn Sie mich noch lange alleine in der Zelle eingesperrt lassen, können Sie mich bald ins Irrenhaus bringen. Es wird doch wohl eine Frau im Haus sein.« Als der Vernehmer behauptete, dass gerade keine Frauen inhaftiert seien, entgegnete ich:
»Ich höre aber oft eine singen.«
Am 25. August, nach neun Tagen Einzelhaft, kam ich endlich mit Renate zusammen, die mir schon durch ihre angenehme Stimme bekannt war. Sie wohnte – vielmehr vegetierte – nur zwei Zellen weiter. Schnell stellten wir fest, dass wir die gleichen Interessen hatten: Konzerte, Bücher, Kunst, Medizin – das war eine Freude!

Renate überschüttete mich mit ihren Erlebnissen. Sie war 25 Jahre alt, arbeitete als Kinderärztin in Rangsdorf bei Berlin und hatte zusammen mit ihren Eltern versucht, durch einen Tunnel nach Westberlin zu ihrem Bruder zu fliehen. Im Februar 1963 kam sie zunächst in die Stasi-Untersuchungshaftanstalt Berlin-Hohenschönhausen. Das Berliner Gefängnis war aber mit Tunnelflüchtlingen überfüllt, weshalb sie nach Rostock gebracht wurde. Hier hatte sie in der Küche des Zuchthauses gearbeitet, war aber wegen »Hetze« wieder in Zellenhaft gekommen.

Gleich unser erstes ausführliches Gespräch wurde an der Tür belauscht. Die Posten teilten ihr mit, dass sie ja noch immer derselben Meinung sei. Ich bewunderte, wie gefestigt sie wirkte, ungebrochen und frohen Mutes; während unserer gemeinsamen Haftzeit sah ich sie keine Träne vergießen.

Jeden Tag bekamen wir zehn Minuten Ausgang. Dann wurden wir in den sogenannten Freihof geführt: ein Käfterchern mit vier Wänden ohne Decke. Darin liefen wir hin und her, über uns gingen seitlich auf einem Laufsteg die Wachposten entlang. Renate stimmte dann jedes Mal für ihren Vater das Lied »Oh mein Papa« an. Er war zusammen mit einem Tuberkulosekranken in einer Zelle eingesperrt und durfte täglich zwei Stunden an die Luft. Für die Mutter von Gisela, einer Zuchthausgefährtin, die ich später auch kennenlernte, sang sie Lieder wie »In dir ist Freude in allem Leide« oder auch »Die güldene Sonne« und »Bunt sind schon die Wälder«, damit wir merkten, dass es Herbst wurde.

Renate hatte von dem Arzt des Berliner Gefängnisses eine Liegeerlaubnis. Das wurde für uns zu einem Problem: Sie mochte sich nicht hinlegen, weil ich mich nicht legen durfte. Fortan begann ich, entsetzlich zu stöhnen und zu heulen, und nach einem Monat Untersuchungshaft erlaubte mir der Sanitäter, dass ich mich tagsüber ebenfalls hinlegen durfte.

In den Verputz zwischen den dicken undurchsichtigen Fensterglasplatten hatten unsere Vorgänger mit Haarnadeln oder Löffelstielen ein Löchlein von etwa einem Quadratzentimeter gebohrt. Wenn wir hindurchschauten, konnten wir erkennen, ob es draußen regnete oder ob die Sonne schien. Direkt gegenüber sahen wir ein Haus mit Büroräumen. Später erfuhr ich, dass dies die Räume der Angestellten waren, die für die Rostocker Bezirksverwaltung des Ministeriums für Staatssicherheit arbeiteten. Das Untersuchungsgefängnis der Stasi, in dem ich saß, befand sich direkt auf dem Gelände der MfS-Bezirksverwaltung in der August-Bebel-Straße.

Um besser durch das Loch schauen zu können, stellte ich mich auf die Pritsche, während Renate zur Tarnung vor dem Spion Gymnastikübungen absolvierte. Das ging so lange gut, bis mich die Posten an einem Sonntagmorgen auf der Pritsche entdeckten. Sie schrien uns an und holten den Anstaltsleiter. Er behauptete sofort, dass ich das Loch mit einem scharfen Gegenstand in den Glasplattenputz gebohrt hätte. Wir kamen nicht dazu, ihm zu erklären, dass das Loch schon vor uns im Verputz war. In der Zelle begann eine große Razzia, Renate und ich wurden unterdessen in den Duschraum gesperrt. Als wir wiederkamen, lagen die Matratzen auf dem Boden, unsere Sachen waren verstreut, das Loch zugeschmiert. Beweismittel hatten die Posten nicht gefunden.

Aus meinen Effekten hatte ich versehentlich Schreibpapier erhalten. Mit dem rosa Zahnputzstein zeichnete ich die Grundrisse für ein Mühle- und ein Schachspiel darauf. Aus dunklem und weißem Pralinenpapier bastelten wir die Steine für

Die Ausgangszelle im »Freihof«, sie war oben offen. Links oben auf dem Gitter lief der Posten und bewachte den Häftling bei seinem »Ausgang«.

das Mühlespiel. Für die Schachfiguren rissen wir aus einer Zeitung rote und schwarze Buchstaben, zum Beispiel T für Turm und K für König, für die Bauern nahmen wir rote und schwarze Zahlen. Die wichtigsten Regeln des Schachspiels brachte ich Renate bei. Weil Glücksspiele verboten waren, spielten wir heimlich in einer Zeitung.

Einmal in der Woche durfte mein Vater Obst für uns abgeben: sehr viele Weintrauben, die schönsten Birnen und Pflaumen. Dadurch wurde uns der Aufenthalt erleichtert, die Zeit ein wenig kurzweiliger. Einmal sparten wir die Birnen aber so lange auf, bis sie von innen verfault waren. Renate bekam hin und wieder Päckchen von ihrem Bruder aus Westberlin. Die Süßigkeiten teilten wir uns redlich. Der Keks am Nachmittag wurde zum Fest; wir aßen ihn krümelweise, um länger etwas davon zu haben. Das Silberpapier der Pralinen formten wir zu einem Ball, mit dem wir in den Zahnputzbecher zielten. Mit solchen Spielen vertrieben wir uns die Zeit.

Wir amüsierten uns wie die Kinder und meinten, dass uns so unsere Eltern einmal sehen müssten. Wir lebten nach einem Motto von Dietrich Bonhoeffer:

»Von guten Mächten wunderbar geborgen, erwarten wir getrost, was kommen mag. Gott ist mit uns am Abend und am Morgen und ganz gewiss an jedem neuen Tag!«

Jeden Morgen erhielten wir Zeitungen: Renate das »Neue Deutschland« und ich die »Ostsee-Zeitung«, um etwas über Rostock zu erfahren. Während wir darin lasen, wurde stets an der Tür gelauscht. Meist äußerten wir uns abfällig über die Artikel. Um unsere Münder zu stopfen und um uns zu beruhigen, opferte Renate oft ein Stück Schokolade. Einmal saßen wir beide auf der Pritsche und lösten mit der Haarnadel ein Kreuzworträtsel, als ich sagte:»Moment mal, ich muss mal verschwinden«, ohne darüber nachzudenken, dass ich nicht einfach verschwinden konnte. Was haben wir da gelacht!

Aus dem »Neuen Deutschland« rissen wir Bilder heraus und befestigten sie über der Toilette mit Klebestreifen. Diese hatten wir von Briefen, die wir bekommen hatten, gelöst. Wenn die Wachposten die Bilder entdeckten, rissen sie diese sofort wieder ab. Lange Zeit hing dort ein Bild von einer unendlich scheinenden Allee mit Apfelbäumen. Die Zelle wirkte dadurch größer und unsere Augen konnten auf etwas ruhen, denn sie schmerzten von dem ständigen Blicken auf die grauen Wände – nie ein ferner Blick oder eine weite Sicht. Lediglich beim Ausgang in unserem Käfterchen konnten wir in den Himmel sehen.

Mit meiner Fischgräte, die ich noch aus der Einzelzelle hatte, ritzte ich einige Notizen zu meinem Lebenslauf in mein Schreibpapier und versuchte auch, Renate in den verschiedensten Sitzhaltungen zu porträtieren. Unter anderem hatte

Meine Zellengefährtin Renate mit ihrem Bruder, 1961. Er war bereits im Dezember 1961 über die Mauer nach Westberlin geflüchtet.

ich sie mit ihren lang herunterhängenden ausgebeulten Trainingshosen und den viel zu großen Pantoffeln gezeichnet. Die Pantoffeln nannten wir Gitterpantoffeln; nach kurzer Zeit schmerzten meine Füße darin so sehr, dass ich ein zusammengeknülltes Taschentuch vorn in die Höhlung legte.

Bei einer Razzia wurde das Schreibpapier allerdings gefunden. Die Wachposten brüllten mich an und fragten, womit ich in das Papier geritzt hätte. Vorsorglich hatte ich mir einen alten Apfelstiel in die Hosentasche gesteckt. Eines Abends meinte höhnisch ein Posten, wir nannten ihn »Brüllo«:

»Das haben Sie wohl mit dem Zahnputzstein geschrieben. Den muss ich Ihnen wegnehmen.«

Da zog ich meinen Apfelstiel aus der Tasche und reichte ihm diesen. Er glaubte es, und wir amüsierten uns darüber in der Zelle köstlich. Das bekritzelte Papier sah ich leider nie wieder.

Sehnsucht nach Bach

An den langen Herbstabenden Ende Oktober begannen wir, Weihnachtslieder zu singen. Bei dem trüben Licht – die Glühbirne war weit über der Zellentür angebracht – konnten wir ab 17 Uhr nicht mehr lesen. Wir sehnten uns nach Gemütlichkeit und wünschten uns einen Sessel, ein Sofa oder eine Stehlampe in die Zelle.

An Musik wagten wir gar nicht zu denken, unser Durst nach Schöngeistigem wurde immer größer. Renate und ich waren musisch erzogen worden, wir stammten beide aus bürgerlichen Familien.

Zusammen mit meiner Mutter und meinem Vater, einem promovierten Chemiker, hatte ich als Kind regelmäßig Konzerte und Ausstellungen besucht. Acht Jahre lang hatte ich Klavier- und Blockflötenunterricht, und an der Rostocker Universität war ich im Zirkel für Malerei, Grafik und Keramik aktiv.

Renate hatte Klavier und Orgel gelernt und im Gottesdienst gespielt. Sie war im religiösen Glauben aufgewachsen – ihr Vater war Pfarrer und Arzt – und sie war in der »Jungen Gemeinde« aktiv. Zeitweise, nach dem Volksaufstand am 17. Juni 1953, hatte sie deshalb die Oberschule nicht besuchen dürfen.

Im Gefängnis trösteten wir uns mit der Goethe-Ausgabe des »Lesebuchs unserer Zeit«, das wir mehrere Monate unter der Pritsche versteckt hielten. Jeder Häftling konnte einmal in der Woche ein Buch bekommen. Renate hatte für uns beide einmal zwei kleine Bücher ausgeliehen und dafür das nächste Mal zwei große, bei der Ausleihe galten zwei kleine Bücher so viel wie ein großes. Die Goethegedichte gaben wir nie ab.

Morgens 6 Uhr, wenn der Gong zum Aufstehen ertönte, wuschen wir uns schnell und fegten die Zelle, um die verbleibende Zeit bis zum Frühstück sinnvoll zu nutzen und uns gute Laune zu verschaffen. Dann ging ich mit dem Goethebuch in der Zelle auf und ab.

Mochten wir einmal nicht aufstehen, meinte ich zu Renate: »Mein Vater würde jetzt sagen: Froh erwache jeden Morgen!«

Ich lernte Gedichte und Verse wie »Edel sei der Mensch, hilfreich und gut«, »Feiger Gedanken, bängliches Schwanken«, »Über allen Gipfeln ist Ruh«, »Füllest wieder Busch und Tal«, »Ihr glücklichen Augen, was je ihr gesehn, es sei wie es wolle, es war doch so schön«.

Diese Gedichte konnten mich in einen Traum versetzen. Hielt ich die Augen beim Aufsagen geschlossen, vergaß ich die Zuchthauswelt um mich herum. Besonders berührt hat mich das folgende Gedicht:

> *Wer nie sein Brot mit Tränen aß,*
> *Wer nie die kummervollen Nächte*
> *Auf seinem Bette weinend saß.*
> *Der kennt euch nicht, ihr himmlischen Mächte.*
>
> *Ihr führt ins Leben uns hinein,*
> *Ihr lasst den Armen schuldig werden,*
> *Dann überlasst ihr ihn der Pein,*
> *Denn alle Schuld rächt sich auf Erden.*

Manchmal bat ich Renate, mir die »Tabakspfeife« von Bach oder andere Kirchenlieder vorzusingen. Wir liebten die Barockmusik, besonders Bach und Händel. Früher hatten wir die Bachlieder auf dem Klavier gespielt. Obwohl das Singen im Gefängnis verboten war, übte Renate mit mir Kanons und zweistimmige Lieder.

Diese unheimliche Ruhe abends in den Gängen und Zellen. Nur manchmal hörten wir im Zellengang ein Schleichgeräusch, dann kamen die Posten in Pantoffeln und lauschten an den Zellentüren. Deshalb flüsterten wir nur noch. Hatte sich einmal jemand in einer anderen Zelle auf die Pritsche gelegt, weil er nicht mehr sitzen konnte, trat der Posten mit dem Fuß gegen die schwere Zellentür. Von dem dröhnenden Geräusch erschraken wir jedes Mal heftig.

Kurz vor dem Abendgong um 22 Uhr fingen wir an, die Zähne zu putzen; auch aus der oberen Etage drangen dann

Putzgeräusche in unsere Zelle. Über unsere Nachtkluft mussten wir einmal sehr lachen: Wir trugen Männerunterhosen mit ausgebeulten Knien und blau-weiß gestreifte Männerhemden. Die Tageswäsche mussten wir zusammengefaltet auf den Fußboden legen, gerade an das Fußende der Pritsche.

Lebendige Mauern

In den letzten Wochen meiner dreimonatigen Untersuchungshaft, im Oktober 1963, bekamen wir Arbeit und Ablenkung: Die Posten brachten uns Wäschekörbe mit Wollsocken und Plastesäcke mit Unterhosen und -hemden zum Stopfen. Renate und ich hatten um die Arbeit gebeten, weil uns die Zeit in der Zelle zu langweilig wurde. Sonst war Arbeit während der Untersuchungshaft nicht üblich.

»Wenn das meine Mutter sehen könnte«, sagte ich zu Renate, »so etwas habe ich zu Hause noch nie getan!«

Während dieser Zeit fand auch Renates Prozess statt. In der »Grünen Minna« wurde sie zum Rostocker Gericht gefahren. Das waren die aufregendsten Tage für uns beide in der Zelle. Das Gericht verurteilte sie nach der Verhandlung zu zweieinhalb Jahren Zuchthaus, auch ihre Eltern erhielten eine längere Strafe.

Durch die vielen Aufregungen in dieser Zeit blieb meine Menstruation weg. Dagegen quälte sich Renate alle zwei Wochen mit der Menstruation herum. Zur Untersuchung wurde ich in die Klinik in der Rostocker Paulstraße gefahren. Der Arzt meinte:

»Wenn Sie frei sind, ist das alles wieder normal.«

Abends begannen die Mauern des Zuchthauses lebendig zu werden. Dann klopften sich die Gefangenen, die sich nie gesehen hatten und sich nicht kannten, gegenseitig etwas zu. Buchstabiert wurde nach dem Alphabet. Mein Name wurde zum Beispiel so geklopft:

abcdefgh, abcde, abcdefghijkl, abcdefg, a = Helga.

Es dauerte lange, bis wir einen Satz beendet hatten. Mittags wurde g a = Guten Appetit geklopft.

Hin und wieder klopfte Renate an einer hohlen Fuge in der Wand mit Jochen, er war zwei Zellen weiter eingesperrt. Durch die Klopfzeichen erfuhren wir seinen Namen und seine Geschichte: Jochen hatte versucht, über die Ostsee zu fliehen; er hatte mehrere Leute ins Boot geladen und war einfach losgerudert. Wir hielten ihn für etwas schlicht, öfter fragte er

klopfend durch die Wand »Was ist Liebe?«. Auch mit unserem
direkten Zellennachbarn konnten wir nicht viel anfangen, ein
Krimineller, der Zigaretten an Frauenleibern ausgedrückt
hatte. Er hatte nur fünf Jahre die Schule besucht und klopfte
orthographisch falsch.

Eines Tages machten wir die Bekanntschaft von Hanna,
wir nannten sie »die Räuberbraut«. Sie saß bereits mit Handschellen im Arrest, klopfte damit aber trotzdem an die Wand
und brüllte aus dem Fenster. Durch die Wand kannte sie schon
das halbe Zuchthaus und wollte sogar einen der Kriminellen
heiraten. Sie war in Haft, weil sie ausländische Offiziere zur
See mit ihrer Bande ausgeraubt hatte.

Manche klopften ihr gesamtes Leben durch die Wand, was
auch den Posten nicht entging. Das Klopfen zu verhindern
gelang ihnen jedoch nicht.

Alle vier Wochen durfte ich einen Brief von 20 Zeilen in
Druckschrift verfassen. Zum Schreiben wurde ich in ein Ex-
trazimmer geführt. Bevor der Brief abgeschickt wurde, pas-
sierte er noch die Kontrolle.

Meinen ersten Brief verfasste ich am 28. August 1965:

Liebe Mama, lieber Papa!
Ich bedaure sehr, dass ich Euch im Alter noch diese gro-
ße Enttäuschung und diese Sorgen bereiten muss. Für
Euch wird alles viel schwerer zu ertragen sein als für
mich. Es ist sicher schon eine Beruhigung für Euch,
endlich zu wissen, dass ich in Eurer Nähe bin und die
vertrauten Geräusche Rostocks ebenso wie Ihr höre!
Es besteht kein Grund zur Aufregung, es geht mir gut,
ich habe genügend Zeit, über meine Unüberlegtheiten
nachzudenken. Ich habe mir eine Zeitung bestellt und
lese »Henri Quatre«. Das Essen schmeckt mir bestens.
Ich habe warme Sachen bekommen, da sich durch den
Klimawechsel die alten Nierenbeschwerden wieder ein-
stellten. Die anhaltende Hitze in Bulgarien hatte mir so
gut getan. Seit kurzem bin ich auch nicht mehr alleine
und die Zeit vergeht schneller. Schickt mir bitte Brief-
marken. Sehr fehlt mir die Arbeit, Ihr wisst, dass ich
noch nie untätig sein konnte. Es würde mich beruhigen

*zu wissen, dass Ihr an Eure Gesundheit denkt und Euch
nicht täglich um mich sorgt. Fahrt so oft wie möglich
nach Kühlungsborn, damit Ihr nicht so alleine seid.
Bald werden wir uns das erste Mal sprechen können,
vielleicht wird Euch das trösten, wenn wir uns gesehen
haben.*

*Euch und allen viele liebe Grüße
von Eurer Helga*

Meine Mutter antwortete leider mit gleicher Zeilenanzahl,
dabei hätte sie mir lange Briefe schreiben können. Ausführli-
chere Briefe bekam ich dagegen von meiner Tante und von
anderen Verwandten.

Der Prozess

Am 29. Oktober 1963 fand mein Prozess statt. Mein Vater hatte für mich eine Rechtsanwältin bestellt. Mit ihr konnte ich vor dem Prozess im Gefängnis sprechen und auf eine Verteidigungslinie einigen. Vor Gericht wollten wir so argumentieren, dass ich zu dem Fluchtversuch lediglich verleitet worden war. Auch den Staatsanwalt lernte ich vor dem Prozess kennen. Er sagte, dass ich die DDR im Ausland in »Misskritik« gebracht hätte, er meinte wohl »Misskredit«. Außerdem wollte er wissen, ob ich schon eine Arbeitsstelle im Westen hätte. Als ich verneinte, sagte er:

»Dann wären Sie auch in der Gosse gelandet.«

Als ich im weiteren Verlauf des Gesprächs zu ihm meinte, Dortmund sei meine Heimat, da sei ich geboren, antwortete er, dass meine Heimat die DDR sei, dort, wo ich arbeitete. Dieser Staatsanwalt war mir sehr unsympathisch.

Der Prozess war öffentlich, er fand in der Baracke hinter dem Barocksaal des Landgerichts Rostock statt. Max wurde mit Handschellen in den Verhandlungsraum geführt. Auf der Anklagebank flüsterte er mir zu:

»Wie geht es dir? Ich dachte, du würdest es nicht überstehen.«

Dabei hatte ich die Untersuchungshaft viel besser verkraftet als er. Max waren die Strapazen der Haft anzusehen. Er war öfter und härter vernommen worden als ich und saß auch länger in Einzelhaft. Mehrmals regte sich der Posten darüber auf, dass wir miteinander sprachen. Während ich reden konnte, ohne dabei den Mund zu bewegen, drehte Max seinen Kopf beim Sprechen immer auffällig zur Seite.

Unter den Zuschauern saßen die meisten Studenten aus seinem Semester und ein Professor, der für ihn aussagte. Außer einem Freund aus Rostock waren keine Angehörigen von ihm darunter, seine Mutter lebte weit entfernt in Lübars. Ich bemerkte meine Eltern und eine Freundin unter den Zuschauern, konnte aber mit niemandem sprechen. Nicht einmal länger ansehen konnte ich sie, weil sie hinter uns saßen.

Die Anklageschrift wurde verlesen. Der Professor unserer Klinik trat als Zeuge für mich auf, er äußerte sich sehr wohlwollend über meine Arbeit und sagte, dass ich in der Klinik dringend gebraucht würde. Meine Rechtsanwältin gab sich bei der Verteidigung alle Mühe und arbeitete Punkt für Punkt ab, ich wurde nichts gefragt.

Max verteidigte sich selbst. Als der Staatsanwalt behauptete, dass Max auswandern wollte, um in den Entwicklungsländern die Peitsche schwingen zu können, empörten sich einige Zuschauer, sie mussten zur Ruhe ermahnt werden.

Nach Anhörung der Parteien forderte der Staatsanwalt für Max zweieinhalb Jahre und für mich ein Jahr Zuchthaus. Ich war erleichtert, weil ich mit einer höheren Strafe gerechnet hatte.

Als nach dem Prozess alle gegangen waren und Max und ich im Verhandlungsraum auf die »Grüne Minna« warteten, ging vor der Tür ein Bekannter vorbei, den ich öfter bei Konzerten im Rostocker Volkstheater gesehen hatte. Er schwenkte seinen Hut und grüßte mich. Sein Arbeitszimmer lag neben dem Verhandlungsraum, und er hatte, wie er mir später sagte, jedes Wort mithören können.

Am Tag nach der Verhandlung war die Urteilsverkündung. Die Strafkammer des Kreisgerichtes Rostock-Land verurteilte Max zu einem Jahr und neun Monaten Zuchthaus wegen versuchten illegalen Verlassens der Republik bzw. versuchten gewaltsamen Grenzübertritts. Dazu kamen noch einige Paragraphen wegen illegaler Ausfuhr von optischen Geräten. Max hatte ein Fernglas bei sich und ich einen Fotoapparat, der mir abgenommen wurde.

Das Urteil vom 30. Oktober 1963 über mich lautete:
»Helga Priester ist wegen versuchten gemeinschaftlichen illegalen Verlassens der DDR in Tateinheit mit versuchtem Zollvergehen gemäß §§ 8 Abs. 1 und 3 Passgesetz, 12 Abs. 1 Ziff. 3 des Zollgesetzes zu einer Freiheitsstrafe von neun Monaten verurteilt worden.«

Neun Monate Gefängnis bedeuteten, dass ich am 70. Geburtstag meines Vaters, an den Weihnachtsfeiertagen und zu Silvester nicht bei der Familie sein konnte – für meine Eltern entsetzlich.

In der »Ostsee-Zeitung« erschien unter der Rubrik »Im Gerichtssaal notiert« ein Artikel unter der Schlagzeile:
»Wolfgang handelte egoistisch und dumm, er wollte seinem Staat den Rücken kehren und verleitete auch Helga dazu, mitzumachen.«
Der Vorname von Max war geändert worden. Über mich las ich darin:
»Die Mitangeklagte Helga P. hat sich von ihm verleiten lassen. Sie, die in den besten Verhältnissen lebte, seit Jahren große Auslandsreisen unternahm, wollte das alles gegen eine unsichere Zukunft eintauschen.«
Renate und ich waren nach meinem Prozess nur noch wenige Tage zusammen. Da wir vom Sockenstopfen noch eine kleine Schere hatten, bastelte ich Weihnachtssterne. Beim Ausgang in unser Käfterchen sammelten wir einzelne heruntergefallene Herbstblätter; sonst bekamen wir in dieser Zeit keinen Herbstbaum zu sehen.
Im Juli 1967 hatte Renate ein zweites Mal einen Fluchtversuch unternommen, diesmal über Bulgarien. Dort war sie auf ein Schiff gegangen, das in die Türkei fuhr. Sie wurde erneut gefasst und zu dreieinhalb Jahren Zuchthaus verurteilt, 1968 aber vom Westen freigekauft. In Westberlin eröffnete sie später eine eigene Praxis als Kinderärztin.
Max kam in ein Gefängnis nach Spremberg, wo er schwer im Gleisbau arbeiten musste, im Kombinat »Schwarze Pumpe«. Er wurde am 18. September 1964 entlassen und heiratete bald darauf. Nach seiner Scheidung trafen wir uns wieder, und für einige Jahre wurden wir wieder Freunde. Die Kaderakte der Flucht wirkte sich negativ auf seinen weiteren beruflichen Weg aus, er zog zu seiner Mutter nach Lübars aufs Land und pflegte sie bis ins hohe Alter.

Knastbetrieb

Nach meinem Prozess hieß es eines Nachmittags Sachen packen und Abschied nehmen von Renate. So gut hatten wir uns beide die Zeit in unserer Zelle vertrieben, oft über die köstlichsten Gerichte gesprochen und viel über Weltreisen. Ich blieb zwar im selben Untersuchungsgefängnis, kam aber in eine andere Zelle. Renate wurde später in die Haftanstalt Frankfurt/Oder gebracht, wo sie als Ärztin arbeiten konnte.

Die Wachposten führten mich ins Erdgeschoss. Dort standen bereits alle acht inhaftierten Frauen in einer Reihe zum Vorstellen der »Neuen«, wie ich genannt wurde – wir waren ja nur Nummern. Alle sahen entsetzlich aus in ihrer Sträflingskluft. Ich arbeitete nur mit Frauen zusammen, wir kochten, nähten und wuschen für insgesamt 80 Gefangene. Die Männer durften wir nicht sehen.

Kaum erkannte ich darunter – nach Renates Beschreibungen – Gisela, die Musikdramaturgin aus Dresden. Sie war im gleichen Alter wie Renate, 25, und hatte ebenfalls versucht, zusammen mit ihrer Mutter durch den Berliner Tunnel in den Westen zu fliehen. Ihr Vater war als Kantor tätig, ihr Bruder hatte 1960 illegal die DDR verlassen.

Mit Gisela kam ich zusammen in eine Zelle, wir lagen in Ehebetten und erzählten viele Nächte durch von unseren Reisen. Ihre und meine Reisen ähnelten sich sehr, beim Erzählen fand Gisela nie ein Ende. Unsere Unterhaltungen konnte ich nur beenden, indem ich einfach nicht mehr antwortete.

Die Dritte in der neuen Zelle war Erika aus Greifswald. Sie war die Jüngste, etwa 20 Jahre alt. Abends war sie nach einem langen Arbeitstag kaum mehr imstande, noch länger wachzubleiben; sie verbüßte dreieinhalb Jahre Haft, weil sie einem Mann leichtgläubig ihren Fotoapparat geliehen hatte, der damit – ohne ihr Wissen – Spionage trieb.

Gisela arbeitete in der Waschküche des Zuchthauses. Dort war sie einmal mit ihrem Arm durch die Glasscheibe des Kippfensters gesaust. Die Wunde musste im Krankenhaus genäht werden. Erika und ich waren zusammen in der Spülküche.

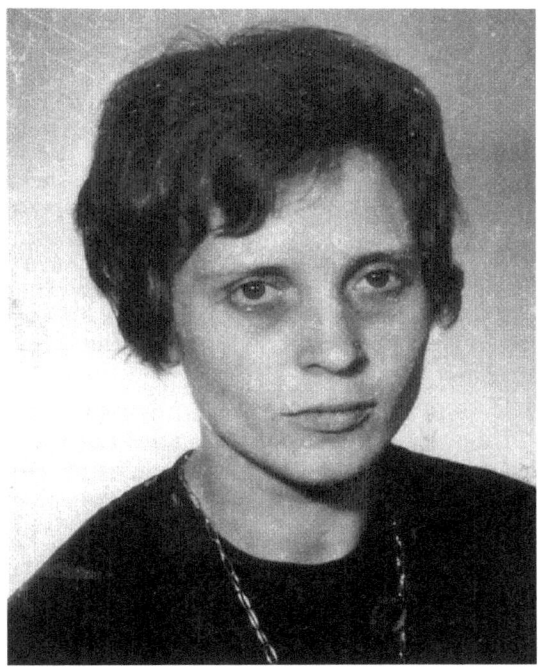

Gisela nach ihrer Haftentlassung 1964. Wegen geplanter Flucht nach Westberlin war sie verhaftet worden. Mir ihr war ich vier Monate nachts in einer Zelle.

Da ich nur einige Monate in Haft war und kräftig aussah, wurde mir die schwerste und schmutzigste Arbeit zugeteilt.

Um 6 Uhr ging der Gong, das bedeutete: aus dem Bett springen, anziehen, Bett machen. Zum Gesichtwaschen und Zähneputzen blieb keine Zeit, das erledigten wir in der Waschküche. Bereits 6.05 Uhr wurde die Zellentür geöffnet, und ein Posten brachte uns nach unten in die Küche.

Im Eiltempo machten wir uns an die Arbeit. Aus dem Keller schleppte ich Schrubber, Eimer und Besen in den Aufenthaltsraum und begann diesen zu reinigen. Dann hieß es Kohlen aus dem Keller holen und zwei Öfen in der Küche heizen, den Tisch für zehn Personen zum Frühstück decken, den acht Meter langen Flur fegen und blankbohnern – sonnabends auch auf Knien einschmieren – und Kaffee für die acht Stationen des Zuchthauses in 80 Blechbecher füllen.

Um 7 Uhr gab es Frühstück. Dabei aßen wir eimerweise Pflaumenmus auf Weizenbrot, das schmeckte köstlich. Später musste ich auch das Brot mit der elektrischen Brotmaschine für alle 80 Gefangenen schneiden. Das wurde zu Stapeln auf riesige Tabletts gelegt und per Aufzug nach oben transportiert. Nach dem Frühstück kamen die Blechschalen mit Esslöffeln und Bechern wieder herunter, dann hatte ich sie abzuwaschen.

Für das Mittagessen putzte ich das Gemüse. Fast jeden Tag außer sonntags gab es Eintopf. Ich holte die Kartoffeln aus dem Keller und wusch sie kiepenweise. Das Schälen mit der Kartoffelschälmaschine ging schnell, wir mussten nur noch die Augen aus den Knollen herausschneiden. Auch für den Kohl gab es eine Schneidemaschine; oft hieß es Wurzeln schrapen, wobei ich immer tüchtig aß. Gemüse hatten wir immer reichlich, vor allem Chinaporree.

Unsere Köchin war Ruth, die wegen Spionage sieben Jahre Haft verbüßte. Sie hatte in kurzer Zeit die Portionen für alle Gefangenen zu kochen, das war eine enorme Hetzerei. Die Speisen bereitete sie immer sehr schmackhaft zu.

Öfter wurden wir in dem Raum, in dem wir gerade arbeiteten, eingeschlossen. Die Frauen, die uns bewachten, riefen dann: »Oben und unten freimachen, Männer kommen.«

Sie meinten die obere und untere Kelleretage, auf denen wir arbeiteten. Wir mussten darüber aber immer lachen. Einige inhaftierte Männer brachten dann Kohlen oder anderes, und wir Frauen durften die Männer ja nicht sehen. Das dauerte oft Stunden. Da wir währenddessen nicht zur Toilette konnten, mussten wir beim Wasserlassen oft einmal den Abfluss benutzen. Manchmal blinzelten wir auch durch das Schlüsselloch, um zu sehen, wer draußen vorbeiging.

Kam hoher Besuch ins Zuchthaus, hatten wir Meldung zu erstatten. Einmal war ich gerade beim Säubern der Heringe, als ich, die Hände auf dem Rücken, meldete:
»Strafgefangene Priester angetreten beim Fischesäubern.«

Mittags deckte ich wieder den Tisch. Bis das Essen fertig war, holte ich neue Kohlen aus dem Keller, schleppte Waschkörbe mit Brot, Gemüsekisten und riesige Brühetöpfe herbei. Die Kübel mussten alle Frauen dann in einer langen Kette heraustragen.

Während der halbstündigen Mittagspause durften wir uns etwas ausruhen. Im Aufenthaltsraum standen zwei Sofas, auf denen sich immer vier ältere Frauen ausruhten, ich machte mich meist auf zwei zusammengestellten Stühlen lang. Eine dieser Frauen war die 60-jährige Grete. Sie war zu fünf Jahren Haft verurteilt worden, weil sie ihren Ehemann, der für die Bundesrepublik spionierte, gedeckt hatte. Sie war Sängerin und brachte mir die wunderbaren Weihnachtslieder von Peter Cornelius bei. Wir verstanden uns sehr gut, sie sprach mit westfälischem Dialekt wie meine Mutter. Grete und ihr Mann, ein Bildhauer, wurden später unsere besten Freunde. Einige Jahre nach ihrer Entlassung und der Enteignung ihres Hauses gingen die beiden in die Bundesrepublik.

Nach dem Mittagessen begann der riesige Abwasch: Schwere gusseiserne Töpfe und ein großer Eintopfdampfkessel waren dabei – das bedeutete für uns immer eine Schufterei. Als Abwaschbürste nutzten wir eine große runde Toilettenbürste, die sich gut für Blechschalen eignete. Die Schalen schrubbte ich oft so kräftig, dass die Bürste durchbrach.

Gleich nach dem Essen sollten Erika und ich den Fahrstuhl mit den zurückgekommenen Blechschalen leeren. Sprang ich nicht sofort auf, wenn es im Fahrstuhl klapperte, schnauzte mich »Klappmaul«, Frau Unteroffizier, an. Sie konnte mich nicht leiden, und das gab sie mir jeden Tag zu spüren. Wir nannten sie »Klappmaul«, weil sie einen extrem eingefallenen Mund hatte.

Einmal war die Toilette samt Vorraum voll Wasser gelaufen. Während »Klappmaul« in der Tür stand, musste ich das Wasser mit einem Feudel aufwischen, etwa zehn Eimer. Als ich fast fertig war und meine Schuhe vor Nässe quietschten, sagte sie höhnisch:

»Sie hätten aber auch Stiefel anziehen können.«

Genau zum 70. Geburtstag meines Vaters hatte sie bemerkt, dass alle oberen Türenränder schmutzig waren. Sie fuhr mich

Der Zellentrakt des Untersuchungsgefängisses in Rostock. In der Mitte der Zellentüren befanden sich Klappen zum Durchreichen des Essens.

an, ob auf meinen Türen zu Hause auch solcher Schmutz läge. Da hatte ich keine Kraft mehr und fing an zu heulen.

Gegen 17 Uhr musste das Abendbrot angerichtet werden. Nach dem Essen wieder der Abwasch. Anschließend hatte ich sämtliche Küchen zu scheuern: die Abwaschküche, die Brotküche, die Herdküche und die riesige Kochküche, die oft sehr verschmutzt war. Zuletzt kam noch die Kellertreppe dran. Das Wasser dafür musste ich jedes Mal aus dem Keller holen.

Wenn Erika mich abends beim Scheuern der Küchen einmal ablösen wollte, bekam sie gleich Krach. Frau Unteroffizier schrie sie an:

»Das soll die Priester machen.«

Nach der Arbeit war ich vollkommen abgespannt. Von den Anstrengungen bekam ich Herzbeschwerden und dicke Finger, die nachts bis zu den Armen einschliefen. Der Arzt verschrieb mir dagegen Medikamente.

Abends hieß es noch schnell waschen oder in der Waschküche baden, damit wir es zur »Aktuellen Kamera« im Fernsehen schafften. Bis 21 Uhr durften wir im Beisein eines Postens fernsehen, danach wurden wir alle auf unsere Zellen gebracht.

Gleich am ersten Abend in der neuen Zelle klopfte es durch die Wand: »Gruß von Renate an Helga«. Den Satz hatten die Gefangenen durch mehrere Zellen weitergeleitet.

Dieser Ablauf wiederholte sich täglich, auch sonntags, Weihnachten und Silvester. Einmal in der Woche bekam jeder abwechselnd einen freien Tag. Den verbrachte ich bis mittags allein in der Zelle und las in aller Ruhe in einem Buch.

Sonntags durften wir uns nachmittags etwas gönnen, dann aßen wir mitgebrachten Kuchen und tranken Wasserkakao. Die Süßigkeiten und das Obst von meinem Vater teilten wir uns redlich.

Zu Weihnachten stellten wir im Zuchthaus einen Tannenbaum auf, den ich schmückte. Von zu Hause hatte ich mir einige Strohsterne schicken lassen, alles andere war vorhanden. Im Fernsehen lief das »Weihnachtsoratorium«. Gisela hatte sich aus ihren Effekten die Partitur dazu geben lassen, so konnten wir sogar die Noten verfolgen. Sie verkleidete sich als Weihnachtsmann und verteilte die Geschenke.

Einige Tage zuvor hatten wir ausgelost, wer wem ein Weihnachtsgeschenk basteln sollte. Ich zog Hanna, »die Räuberbraut«, die beim Abtrocknen immer »Sag mir, wo die Männer sind, wo sind sie geblieben?« sang. Für sie nähte ich ein Paar Schläppchen. Dazu nahm ich eine Sohle von alten Pantoffeln und überzog diese mit orangefarbenem Zuckersackstoff. Über der Sohle brachte ich einen Querriemen aus weißem Zuckersackstoff an, den ich bestickte. In der Adventszeit hatte ich abends während der »Aktuellen Kamera« eine Weihnachtsdecke gestickt – so musste ich die Lügen, die in den Nachrichten verbreitet wurden, nicht noch mit ansehen.

Silvester hatten wir ebenso wie Weihnachten um 19 Uhr ins Bett zu gehen, weil die Posten nach Hause wollten. Gisela wollte unbedingt bis Mitternacht wachbleiben, um an ihre Familie denken zu können, ihre Mutter saß im Gefängnis in Halle. Erika und ich wollten dagegen unsere Ruhe haben und

Das »Magdeburger Ehrenmal« von Ernst Barlach, 1929. Dieses Bild mit dem Kopf eines Mannes, der sich die Ohren zuhält (rechts unten), stellte ich zu Weihnachten in unserer Zelle auf.

schlafen. Da wir schwarzen Kaffee mit auf die Zelle genommen hatten, warf ich in Giselas Tasse eine Schlaftablette, die gut wirkte. Nur ich war als Einzige wach!

An die Kopf- und Fußenden unserer Betten hatten wir Kerzen gestellt. Auf dem Tisch stand angeleuchtet ein Bild vom »Magdeburger Ehrenmal« von Ernst Barlach. Darauf war – in Holz geschnitzt – unter anderem der Kopf eines Mannes zu sehen, der sich mit beiden Händen die Ohren zuhält. Das Bild war in der Zeitschrift »Bildende Kunst«, die ich mir von meinem Monatsverdienst von acht Mark gekauft hatte.

Mit Abstand betrachtet

Am 10. Februar 1964 öffneten sich für mich die Zuchthaustore, drei Monate früher als gedacht. Das hatte ich meinem Klinikprofessor zu verdanken, der mit Hilfe einer Rechtsberaterin eine frühere Entlassung erwirkt hatte. Dafür bekam ich zwei Jahre Bewährung bis 1966.

Bei den Vernehmungen war mir angedroht worden, dass ich meine Arbeitsstelle und mein Zimmer, das ich zur Untermiete bewohnte, verlieren würde. Doch nichts davon traf zu. Lediglich vier Monate konnte ich nicht mehr als leitende MTA arbeiten, danach war alles wieder wie zuvor.

Mit der Arbeit müsse ich sofort beginnen, sagte mir mein Klinikchef nach der Entlassung. Mit Blumen von allen Bekannten überschüttet, fiel mir der Neubeginn in der Freiheit fast schwerer als die Umstellung auf das Leben im Zuchthaus.

Zu neun Monaten Freiheitsstrafe war ich verurteilt worden. Neun Monate sind im Leben eine kurze Zeit; es sind die Monate, »in denen ein Menschenleben bis zur Geburt wachsen kann«, wie Frau Effektenfeldwebel bei meiner Entlassung meinte. War die Zeit der Isolation in der Zelle eine verlorene Zeit für mich? Sie wäre verloren, meine ich, wenn ich in dieser Zeit nicht gelernt, geschaffen, genossen, gelitten oder interessante Erfahrungen gemacht hätte. Verlorene Zeit ist unausgefüllte Zeit. Kleine Erlebnisse waren es, die ich gemeinsam mit Gleichgesinnten hatte.

Wir gefangenen Frauen bildeten eine Gemeinschaft der Interessen und des Lebens, wir waren wie eine große Familie. Bis heute stehe ich mit vielen der Frauen im Kontakt. Wir suchten die Quellen unserer Kraft gänzlich im Vergangenen und im Künftigen. Schon als Kinder hatten wir ja den Gehorsam in der Schule gelernt. Nun hatten wir hinzugelernt, alle persönlichen Wünsche unterzuordnen.

Was ich mir vor der Haft als besonders unangenehm vorgestellt hatte, die Entbehrungen des äußeren Lebens, spielte im Zuchthaus merkwürdigerweise keine große Rolle. Vor al-

Die Stasi-Untersuchungshaftanstalt in der Rostocker August-Bebel-Straße. Hier verbrachte ich meine gesamte Haftzeit vom 15. August 1963 bis 10. Februar 1964. Vorn der sogenannte Freihof für unseren zehnminütigen Ausgang.

lem hieß es, sich innerlich mit einer vollkommen neuen Lebenssituation zurechtzufinden. Das ließ das Körperliche zurücktreten und alles Äußere unwesentlich werden. Alleinsein war für mich nicht etwas so Ungewohntes wie für viele andere Menschen. Ich war ohne Geschwister aufgewachsen und hatte viel Zeit allein im Garten meiner Eltern verbracht. Jeden Tag freute ich mich darüber, einen Vogel auf dem Hof zu hören oder eine Fliege in der Zelle zu sehen, das empfand ich bereits als großen Gewinn; für das Geringe wurde ich dankbar.

Lesen musste ich in der Zelle jeden Satz zweimal, mir fehlte die Konzentration, und ich konnte mir nichts merken. Obwohl ich in der Freiheit sonst wenig träumte, freute ich mich in der Zelle stets auf meine Träume. Vor der Haft war mir nicht bewusst, welche glückliche Gabe es ist, sich in anderen Welten wiederzufinden. Umso schlimmer empfand ich jedes

Mal das Aufwachen nach dem Gong am frühen Morgen. Allmählich gewöhnte ich mich an meine Situation. Wie freute ich mich über Post! Die Briefe schienen mir immer zu kurz; beim Lesen hatte ich stets das Gefühl, als öffnete sich für mich die Gefängnistür. Dann lebte ich ein Stück des Lebens draußen mit.

Das Verlangen nach Freude war sehr groß in diesem ernsten Hause, in dem wir nie ein Lachen hörten. Selbst dem Fachpersonal von »Horch und Guck« schien das Lachen über ihren Eindrücken vergangen zu sein.

Meine Gedanken wanderten oft nach Hause, aber auch zu den vielen unbekannten Menschen, die in dem Gefängnis in der Rostocker August-Bebel-Straße ihr Schicksal stumm ertrugen. Sie bewahrten mich immer wieder davor, die eigenen Entbehrungen wichtig zu nehmen. Hier gab es so viele schwerere Schicksale, und ich war noch jung.

Dass der Verstand in der Enge der Zelle etwas litt, war nicht ganz zu verhindern. Besonders sonntags herrschte im Haus völlige Stille. Ich konnte nur die Schritte der Gefangenen hören, die über und unter uns in ihrer Zelle auf- und abliefen. Das Leben ging zeitlos dahin. Läuteten sonntags die Kirchenglocken, standen alle Gefangenen am Fenster und lauschten.

Während der Haft bemerkte ich, dass ich das Unabänderliche besser aushielt, wenn ich nicht ständig darüber grübelte, wie ich mir diese und jene Umstände noch erleichtern könnte. Abstand gewinnen von den Zumutungen und Aufregungen des Tages – das lernte ich in der Zelle fast von selbst. So wurde mir während der Haft zur Selbstverständlichkeit, das Brot mit dem Löffelstiel zu bestreichen und die harten Brotkrusten gleich in Richtung Toilette zu werfen. So sehr ich mich auch immer aus dem Zuchthaus heraussehnte, so glaube ich doch, dass kein einziger Tag in Haft verloren war.

Wieder in der Freiheit, zu Hause in meinem Bett, schreckte mich in meinen Träumen oft ein Fortissimo der »Brüllos« oder »Schielos« vor der Zellentür auf. Ich hatte noch nicht alles überstanden.

Einige Jahre lang durfte ich nicht ins Ausland reisen, meine Anträge wurden immer wieder unbegründet abgelehnt.

Mehrmals wurde ich in eine Baracke in der Nähe der Chirurgie unserer Klinik bestellt. Dort versuchten mich Stasi-Mitarbeiter davon zu überzeugen, in der Klinik zu spionieren. Das lehnte ich jedes Mal entschieden ab. Ich sagte ihnen, dass ich dazu nicht geeignet sei und auch zu wenig Kontakt zum Klinikpersonal hätte. Damit gaben sich die Stasi-Leute zufrieden und ließen mich in Ruhe.

Später erfuhr ich, dass sich die Stasi längere Zeit in der Frauenklinik nach meiner politischen Einstellung erkundigt hatte und wissen wollte, wie ich arbeitete. Ansonsten erwuchsen mir in der DDR – außer der allgemein üblichen Postkontrolle – keinerlei politische Nachteile mehr.

Stöckchen-Hiebe.
Kindheit in Deutschland 1914–1933
52 Geschichten und Berichte von Zeitzeugen
336 Seiten mit vielen Abbildungen,
Ortsregister, gebunden.
Band 3
ISBN 978-3-933336-02-6, EUR 12,90

Zwischen Kaiser und Hitler.
Kindheit in Deutschland 1914–1933
47 Geschichten und Berichte von Zeitzeugen
368 Seiten mit vielen Abbildungen,
Ortsregister, gebunden.
Band 15
ISBN 3-933336-16-3, EUR 12,90

Heil Hitler, Herr Lehrer!
Kindheit in Deutschland 1933–39
50 Geschichten und Berichte von Zeitzeugen
360 Seiten mit vielen Abbildungen,
Ortsregister, Chronologie, gebunden.
Band 13
ISBN 978-3-933336-12-5, EUR 12,90

Getäuscht und verraten.
Jugend in Deutschland 1933–1939
38 Geschichten und Berichte von Zeitzeugen
320 Seiten mit vielen Abbildungen,
Ortsregister, Chronologie, geunden.
Band 16
ISBN 978-3-933336-07-1, EUR 12,90

Halbstark und tüchtig
Jugend in Deutschland 1950–1960
48 Geschichten und Berichte von Zeitzeugen
320 Seiten mit vielen Abbildungen,
Ortsregister, Chronologie, gebunden.
Band 17
ISBN 978-3-933336-17-0, EUR 12,90

Deutschland - Wunderland
Neubeginn 1950–1960
Erinnerungen aus Ost und West
368 Seiten mit vielen Abbildungen,
Ortsregister, Chronologie, gebunden.
Band 18
ISBN 978-3-933336-18-7, EUR 12,90

Von hier nach drüben.
Grenzgänge, Reisen und
Fluchten 1945–1961
40 Geschichten und Berichte von Zeitzeugen
352 Seiten mit vielen Abbildungen,
Ortsregister, Chronologie, gebunden.
Band 11.
ISBN 978-3-933336-13-2, EUR 12,90

Mauer-Passagen.
Grenzgänge, Fluchten und Reisen
1961-1989
46 Geschichten und Berichte von Zeitzeugen
368 Seiten mit vielen Abbildungen,
Ortsregister, Chronologie, gebunden.
Band 19
ISBN 978-3-933336-19-4, EUR 12,90